Materiali Linguisti[illegible]*, Dipartimento di Linguistica*

La collana, fondata [illegible] nell'ambito degli insegnamenti linguist[illegible] a anche a contributi di studiosi di alt[illegible] della pubblicistica a carattere linguistic[illegible]
Data la complessità [illegible] fenomeno linguaggio, è inevitabile che la linguistica sia oggi al centro di una rete di rapporti interdisciplinari che la collegano alla critica letteraria, alla sociologia, alla psicologia, alla filosofia, all'informatica, secondo una molteplicità di punti di vista teorici e metodologici. Il confronto tra approcci diversi è un momento essenziale per lo sviluppo degli studi linguistici e in questa convinzione la collana non intende porsi alcuna restrizione tematica e non intende riflettere alcuna «scuola», ma è pronta ad ospitare lavori scientifici su qualsiasi argomento riguardante il linguaggio.
In questa prospettiva la collana si propone di pubblicare ricerche e raccolte di saggi dal taglio assai diverso, dibattiti sullo stato della ricerca in particolari settori, studi monografici e contributi originali che si rivolgono sia agli specialisti sia al largo pubblico interessato alla materia.

LINGUE STRANIERE E UNIVERSITÀ

Aspettative e organizzazione didattica

A cura di:
Giuliano Bernini
e Maria Pavesi

FRANCOANGELI

La pubblicazione del volume è stata resa possibile da un contributo finanziario del Cnr.

Atti del Convegno: «Lingue straniere all'Università: aspettative e organizzazione didattica». Pavia, 27-28 aprile 1992

 Stampa Tipomonza, Viale Monza 126, Milano.

I lettori che desiderano essere regolarmente informati sulle novità pubblicate dalla nostra Casa Editrice possono scrivere, mandando il loro indirizzo, alla "FrancoAngeli, Viale Monza 106, 20127 Milano", ordinando poi i volumi direttamente alla loro Libreria.

Indice

Presentazione, di *Maria Pavesi* e *Giuliano Bernini* p. 7
Saluto del professor *Roberto Schmid*, Rettore dell'Università di Pavia » 13

Parte I - Un questionario per le matricole

La preparazione linguistica e le aspettative degli studenti universitari: le ragioni di una ricerca, di *Anna Giacalone Ramat* » 19
Istruzioni per l'uso: avvertenze, posologia e controindicazioni nell'assumere prodotti della ricerca sociale, di *Celestino Colucci* » 25
La matrice dei dati e il questionario, di *Elena Caldirola* » 33
Congruenza tra il gruppo dei rispondenti e la popolazione dei neo iscritti all'Ateneo pavese per l'anno accademico 1991-92, di *Mauro Angelo Giovanni Beretta* » 41
La scelta della lingua straniera all'Università: dati di un questionario, di *Maria Pavesi* » 51
Il Questionario di Pavia » 65

Parte II - Aspettative e motivazione

La motivazione nell'apprendimento delle lingue straniere in ambiente universitario, di *Cesare Cecioni* » 75
Corsi di inglese per scienze e tecnica: esigenze del mondo accademico e del mercato del lavoro, di *Maria Tarantino* » 85

Parte III - L'organizzazione della didattica

Ancora sull'insegnamento delle lingue straniere nell'Università italiana, di *Franco Crevatin* p. 121
La strutturazione dell'insegnamento linguistico all'Università, di *Alberto Destro* » 125
Prospettive di sviluppo dei centri linguistici, di *Rema Rossini Favretti* » 133
Criteri per l'allestimento dei materiali per l'apprendimento in un centro linguistico, di *Maurizio Gotti* » 141
L'apprendimento «autonomo» nei centri linguistici, di *Maria Teresa Prat Zagrebelsky* » 157
L'italiano per stranieri nell'Università, di *Massimo Vedovelli* » 167

Presentazione

di *Maria Pavesi* e *Giuliano Bernini*

Il volume che qui presentiamo raccoglie gli interventi al Convegno dedicato alle *Lingue Straniere all'Università: Aspettative e Organizzazione Didattica*, tenutosi a Pavia il 27-28 aprile 1992 e organizzato dal Centro Interfacoltà di Ricerca sulla Didattica delle Lingue Straniere della stessa Università. In anni recenti il dibattito su che cosa significhi insegnare le lingue straniere - ma anche l'italiano L2 - all'Università si è fatto più acceso, rivelando l'esistenza di numerose questioni teoriche, istituzionali e organizzative ancora aperte e per le quali gli addetti ai lavori stanno cercando soluzioni possibili. Segno del fermento sono i molti incontri accademici sull'insegnamento linguistico in ambito universitario che si sono succeduti in diverse sedi tra cui Firenze, Torino, Trento e Siena. Lo spunto per il convegno di Pavia è venuto dal progetto che in questa Università ha preso l'avvio con il questionario alle matricole che viene presentato e i cui risultati vengono descritti nella prima parte di questo volume (Giacalone Ramat, Colucci, Caldirola, Beretta e Pavesi). Con questo progetto - su ampi numeri e ora nella sua seconda fase - ci si è proposti di indagare la preparazione, le aspettative e i bisogni linguistici degli studenti universitari, ponendo tra gli obiettivi quello di fornire informazioni altrimenti non facilmente reperibili, non solo a chi insegna le lingue nell'Università, ma anche «all'Istituzione» in senso lato.

A partire da questo spunto, l'incontro è stato occasione di scambio su argomenti diversi, tra i quali ci sembra significativa la rimessa in primo piano degli aspetti motivazionali nell'apprendimento, da una parte, e della dignità accademica dell'insegnamento linguistico dall'altra. Le due questioni sono ovviamente collegate perché se una chiara percezione dei bisogni e delle aspettative degli studenti potrà migliorare, rendendola più mirata, la didattica delle lingue, un (ri)trovato spazio istituzionale servirà a valorizzare l'apprendimento linguistico agli occhi degli studenti (e quindi a rafforzarne la motivazione).

Specificamente di aspettative, bisogni e motivazione si discute nella seconda parte del volume, nei contributi di Cecioni e Tarantino, entrambi centrati sulla complessa interazione tra studio universitario e i diversi fattori interni ed esterni che lo influenzano. Cecioni in primo luogo rivaluta gli aspetti psicologici, più precisamente quelli relativi alla struttura della personalità, nell'attitudine all'apprendimento linguistico, tradizionalmente ritenuta un fatto puramente cognitivo. Le circostanze ambientali vanno invece a influenzare la motivazione: lo studente arriva all'Università con un desiderio di apprendimento abbastanza forte (dato confermato dai risultati del questionario pavese, cfr. prima parte), se pur riconducibile prevalentemente a fattori extrascolastici. L'autore infine analizza le ragioni che spiegano perché l'Università italiana di oggi non esalta le potenzialità di una buona motivazione iniziale. Anche Tarantino, in una ricerca che mette in relazione le richieste del mondo del lavoro, le esigenze nel campo della ricerca e le aspettative degli studenti, sottolinea l'interesse e il sentito bisogno di apprendimento linguistico in ambito universitario. Il 98% dei 400 studenti intervistati ritiene che sia necessario un corso di inglese per scopi specifici non essendo sufficiente per i loro fini la preparazione scolastica ricevuta. Un dato molto interessante dell'ampia ricerca empirica è che non ci sono differenze significative nelle competenze comunicative dichiarate dai ricercatori intervistati tra chi ha studiato e chi non ha studiato inglese a scuola.

I due contributi che aprono la terza parte del volume sull'organizzazione didattica si pongono come momento di raccordo con la parte precedente, partendo dagli atteggiamenti di coloro che a vario titolo sono coinvolti nel problema delle lingue all'Università. Sia Crevatin che Destro sottolineano la necessità di distinguere *di fatto* e non solo *in linea di principio* tra Lingua e Letteratura: gli insegnamenti di Lingua (francese, tedesca, inglese, ecc.) non sono solo un problema delle Facoltà umanistico-letterarie. Destro sottolinea la dignità accademica di questi insegnamenti troppo spesso considerati di serie B, marginali o strumentali rispetto alle materie caratterizzanti del curriculum, coperti in grandissimo numero per supplenza o per affidamento. Crevatin, dal canto suo, caldeggia l'inserimento di insegnamenti di Lingua e linguistica nei corsi di laurea in Lingue, importanti per tutta la comunità, data l'inevitabile ricaduta che avranno sulla didattica, e quindi sull'apprendimento, delle lingue nella scuola. Ma è sulla dignità dell'insegnamento linguistico di base che l'autore si concentra dato che è proprio qui che le armi del didatta devono essere particolarmente pronte per risolvere scientificamente complesse questioni di metodo.

La posizione della lingua inglese in questa prospettiva è particolarmente delicata: l'inglese è ormai la lingua internazionale delle scienze e della tecnologia, come pure, ovviamente, della finanza, dell'economia e del diritto. Il suo ruolo di nuova lingua franca è stato *parzialmente* riconosciuto attraverso l'inserimento di una prova di conoscenza obbligatoria nei nuovi ordinamenti di tutti i corsi di laurea compresi nelle facoltà scientifiche. Il rischio esiste, tuttavia, che proprio perché così diffuso e così richiesto, l'inglese veda ridurre il suo prestigio accademico e veda diventare il suo insegnamento, a causa dei grandissimi numeri, disumanizzante. A ciò si aggiunga, e riprendiamo il *parzialmente* di prima, che l'invalsa tendenza a prevedere solo un giudizio di idoneità - ossia prova senza voto - svilisce ulteriormente uno studio che è formativo non solo per l'oggetto in sé ma anche perché permette l'accesso all'organizzazione e allo sviluppo del pensiero scientifico che innegabilmente sempre di più si realizza e si compie attraverso lo strumento, ma anche mediante la sostanza di una lingua condivisa dagli esperti delle varie comunità scientifiche (cfr. Tarantino, questo volume).

Sul versante dell'apprendimento linguistico come capacità d'uso, nella terza parte del volume vengono poi presentate varie proposte riguardanti sia l'organizzazione sia le pratiche didattiche nei Centri linguistici. Rossini Favretti dà un quadro dei Centri linguistici italiani fornendone i tratti comuni caratterizzanti, tra cui la disponibilità di apparecchiature didattiche ora molto sofisticate. Grazie alle nuove tecnologie è possibile quindi svolgere ricerca finalizzata alle esigenze e ai bisogni specifici dell'utenza, come può essere la creazione e l'analisi di *corpora* linguistici, il cui uso appare ormai indispensabile nella preparazione di efficaci materiali didattici. Un'ampia disamina dei materiali utilizzabili in un Centro viene offerta nell'intervento di Gotti, che affronta l'argomento da vari punti di vista, offrendo al contempo dettagliate tassonomie. Vengono poi discussi i pro e i contro dei diversi materiali e i principi glottodidattici che ne dovrebbero informare la scelta e l'allestimento a seconda delle risorse e delle situazioni. Zagrebelsky, infine, discute i vantaggi dell'autonomia nell'apprendimento, che deve essere un obiettivo educativo prima ancora di una capacità presupposta. I Centri linguistici hanno un ruolo sostanziale nel raggiungimento di tale obiettivo grazie alla flessibilità e alla versatilità delle attività, primo requisito per rispettare le diverse esigenze degli utenti e i loro diversi stili di apprendimento.

Il tema dei Centri linguistici si rivela oggi, a due anni dal convegno, ancora più scottante, dato che la probabile nuova normativa sui collaboratori o esperti madrelingua (che almeno nominalmente sostituiranno i lettori) solleciterà la nascita e il potenziamento delle Sedi di Ateneo specializzate nell'addestramento linguistico. Da segnalare a questo riguardo l'urgenza di pensare in maniera propositiva al raccordo tra l'attività didattica dei Centri e gli insegnamenti linguistici nelle varie facoltà, nonché a figure istituzionali che si occupino specificamente dell'organizzazione e del coordinamento di corsi che potrebbero notevolmente aumentare in risposta alla sempre crescente richiesta di apprendimento linguistico anche finalizzato a scopi speciali.

Per ultimo, nel volume viene affrontata da Vedovelli un'altra questione in netta evoluzione e di forte attualità: quella dell'insegnamento dell'italiano L2, visto nelle sue coordinate didattiche e organizzative. La questione ripropone per lo studente universitario la contrapposizione tra «lingua comune» e «linguaggi settoriali» tanto centrale nella glottodidattica contemporanea. Vengono qui esplorate un'ipotesi *minor* e un'ipotesi *maior*: per la prima, la lingua specialistica si diparte da una base linguistica già consolidata; per la seconda, la lingua comune è una funzione di quella specialistica, e viene appresa attraverso di essa. Rimane, anche in questa prospettiva diversificata, da definire la certificazione in italiano L2, il cui scopo sia non solo l'accertamento, ma anche il riconoscimento, delle competenze linguistiche, comunicative e culturali.

Ci sembra opportuno chiudere questa presentazione ponendo in evidenza un interrogativo che riemerge in più punti della raccolta e che riguarda proprio la liceità dell'insegnamento linguistico nell'Università. Più autori (cfr. in particolare, Tarantino, Crevatin e Destro) hanno denunciato un atteggiamento profondamente contraddittorio dei diretti interessati, siano essi gli studenti, i docenti delle discipline non linguistiche, le figure istituzionali: da una parte dichiarazione di massima utilità delle lingue straniere, dall'altra scarsa disponibilità a sacrificare spazi curriculari e istituzionali che rendano possibile un loro efficace insegnamento e un loro reale apprendimento. Il problema è riconducibile alla distinzione fittizia tra insegnamento scientifico e insegnamento strumentale, che polarizza in due estremi ciò che è stato più volte descritto come un gradiente: anche gli usi più «tecnici» implicano una riflessione e una presa di coscienza sulla lingua che richiedono sforzo e impegno programmatico da parte degli apprendenti e dell'Istituzione.

Se è indubbio, come sottolinea Cecioni, che la scuola tuttora fornisce una preparazione carente, alla quale l'Università è chiamata a sopperire (cfr. saluto inaugurale del Rettore dell'Università di Pavia), riteniamo che neppure una migliorata preparazione scolastica potrebbe in futuro rendere superfluo l'intervento didattico in ambito universitario: «l'apprendimento (della lingua straniera) a scuola ha fini culturali diversi e non può né prevedere né coprire le esigenze che nascono da complesse competenze professionali» (Tarantino, in questo volume:101). È quindi fortemente auspicabile che l'Università si prenda carico dell'insegnamento delle lingue straniere, come pure dell'italiano L2, proprio perché meglio qualificata ad affrontare i bisogni *specifici* dei suoi studenti, che non vanno confusi con quelli di un'utenza «generale», non accademica. Non solo o non tanto insegnare a chiedere «una stanza a due letti e doccia», per riprendere l'esempio di Crevatin, ma mettere i nostri studenti in grado di funzionare in un mondo universitario e professionale perché in possesso di una competenza linguistica comprendente funzioni retoriche «alte» e diversificata per settori specialistici.

Saluto del professor Roberto Schmid, Rettore dell'Università di Pavia

Cari Colleghi, gentili Signore e Signori,

Come Rettore dell'Università di Pavia è per me un vero piacere rivolgere a tutti voi un caloroso saluto di benvenuto a nome dell'Ateneo pavese e ringraziarvi personalmente per avere accolto l'invito della prof.ssa Giacalone Ramat a partecipare a questo convegno dedicato alla didattica e all'apprendimento delle lingue straniere nell'Università.

Desidero poi ringraziare la prof.ssa Giacalone Ramat e i suoi collaboratori del Centro di Ricerca sulla Didattica delle Lingue Straniere Moderne per aver promosso e organizzato questo incontro, che, come altri che l'hanno preceduto, si propone di approfondire alcuni temi di grande attualità ed interesse e di formulare proposte che saranno certamente un contributo prezioso non solo per chi sta esaminando gli stessi problemi a livello nazionale (mi riferisco in particolare alla specifica commissione istituita dal Ministero per l'Università e la Ricerca Scientifica e Tecnologica e dalla Conferenza Permanente dei Rettori delle Università Italiane), ma anche per quanti, all'interno delle varie Università, sono impegnati a definire statuti e regolamenti che assicurino al nostro sistema universitario un livello qualitativo confrontabile con quello delle Università dei Paesi più avanzati della Comunità Europea.

Il programma ERASMUS sta offrendo agli studenti universitari della Comunità incredibili possibilità di arricchimento culturale e sta rivelandosi una delle azioni più efficaci per la formazione dei cosiddetti «cittadini dell'Europa». Ma come è possibile per i nostri studenti cogliere queste opportunità se la scuola, ai suoi vari livelli, non provvede ad assicurare loro una sufficiente padronanza di almeno una delle lingue più diffuse nella Comunità? E, d'altro canto, come possiamo pensare che studenti stranieri chiedano di frequentare le nostre Università se non ci impegnamo a promuovere una politica che incentivi e consenta l'apprendimento dell'italiano come lingua straniera?

Nei prossimi mesi verrà avviato un nuovo programma comunitario, «Human Capital and Mobility», rivolto a favorire lo scambio di ricercatori tra Università e centri di ricerca europei e promuovere la formazione di una rete europea di centri di eccellenza per la ricerca. Come è possibile che i nostri ricercatori possano efficacemente inserirsi in questo programma e soggiornare con profitto presso Laboratori stranieri, se ancora devono superare lo scoglio di un'adeguata conoscenza delle lingue straniere?

Nel 1993 dovrebbe finalmente essere avviato il processo della liberalizzazione del mercato delle professioni nei Paesi della Comunità. Questo vorrà dire che un nostro laureato potrà esercitare la sua professione in Inghilterra o in Francia o in Germania o in Spagna, ma vorrà anche dire che i laureati di questi Paesi potranno venire in Italia e porsi in concorrenza con i nostri laureati in un sistema produttivo che da tempo ha superato i confini nazionali. Ma come potrà un nostro laureato cogliere le opportunità di lavoro offerte da un Paese della Comunità o resistere, in Italia, alla concorrenza dei Colleghi stranieri, se, oltre alla formazione professionale specifica, non avrà ricevuto un'adeguata preparazione linguistica?

Mi sembra dunque che vi siano motivi più che validi per affermare che se nel passato la conoscenza delle lingue straniere poteva ritenersi un fatto culturale, qualcosa di certamente utile anche sul piano professionale, ma non indispensabile, oggi essa rappresenta invece una necessità sia per il singolo che per la società. La scuola mancherebbe ad un proprio dovere se non assicurasse, a certi livelli di formazione, un'adeguata conoscenza delle lingue straniere.

Su questo non vi è alcun dubbio. Personalmente, tuttavia, ritengo che non debba esserci alcun dubbio anche sul fatto che una conoscenza di base debba essere acquisita a livello di scuola media e media superiore e non a livello degli studi universitari. E per conoscenza di base non intendo certamente una conoscenza superficiale e insufficiente a garantire un'adeguata capacità di comunicazione, ma semplicemente una conoscenza non legata alla terminologia specifica ed ai temi di una particolare area disciplinare. Quest'ultima potrà essere acquisita, senza grandi difficoltà, nel corso degli studi universitari, attraverso la consultazione di testi in lingua straniera.

Purtroppo questa non è la realtà del nostro Paese e verosimilmente non lo sarà ancora per un certo numero di anni, sebbene qualche indicazione positiva sia contenuta nel progetto di riforma della scuola media superiore. Stando così le cose ed essendo, come si è detto, imperativo il fatto che un laureato debba oggi possedere un'adeguata conoscenza di una o più lingue straniere, non rimane che assumerci, come Università, il compito di colmare anche questa lacuna della nostra scuola media superiore.

Esiste un problema di metodo, un problema di strutture e un problema di risorse.

Pensando alla realtà pavese, dove esiste un Centro di ricerca sulla didattica delle lingue straniere ed un Laboratorio linguistico che fornisce i servizi di supporto all'insegnamento delle lingue, mi attendo che la risposta al primo problema venga fornita dal Centro di ricerca e la risposta al secondo dal Laboratorio linguistico. È evidente che queste due strutture devono collaborare, ma è giusto che collaborino sino al punto di fondersi in un unico Centro linguistico di Ateneo che svolga al tempo stesso ricerca e servizi? Di questo si è discusso a lungo nel nostro Ateneo e se ne sta ancora discutendo. Certamente i risultati di questo Convegno saranno preziosi per le decisioni che dovranno essere assunte e che dovranno trovare espressione nel nuovo statuto dell'Università di Pavia.

Nella relazione presentata dalla prof.ssa Giacalone Ramat al Convegno della Società Italiana Glottologia, tenuto l'anno scorso a Pavia, viene sottolineato, a proposito dell'esigenza di un insegnamento di base prioritario e precedente rispetto all'insegnamento specifico per discipline, che «c'è una competenza di base, un *common core*, che precede nell'acquisizione l'instaurarsi di esigenze specifiche» e su questo concordo pienamente.

Nel paragrafo successivo si afferma: «Per una elementare esigenza di razionalizzazione delle risorse umane l'insegnamento linguistico di base potrebbe essere gestito da un Centro Linguistico di Ateneo».

In teoria questo può essere giusto, ma mi domando: come è possibile finché i posti di ruolo dei docenti vengono richiesti e assegnati alle Facoltà e non ai Centri? I problemi dunque non sono pochi, ma è certamente un fatto positivo che vi sia una chiara volontà di affrontarli ed una precisa consapevolezza, a tutti i livelli, che la soluzione di questi problemi non può più essere rinviata.

Ed è con questa nota di ottimismo, che vuole anche essere l'espressione di un mio personale impegno come Rettore, che rinnovo a tutti voi il saluto di benvenuto della nostra Università, ringraziandovi fin d'ora per il lavoro che svolgerete in queste due giornate pavesi e di cui rimango in attesa di conoscere i risultati certamente preziosi.

Parte Prima
Un questionario per le matricole

La preparazione linguistica e le aspettative degli studenti universitari: le ragioni di una ricerca

di *Anna Giacalone Ramat*[*]

È mio compito presentare brevemente le ragioni della ricerca intrapresa dal Centro di didattica.

Il quadro delle esigenze di conoscenze linguistiche in funzione dell'Europa comunitaria è stato tracciato con chiarezza nel saluto inaugurale del Magnifico Rettore. L'obiettivo ultimo di questo impegno si muove in direzione di un superamento delle barriere linguistiche e culturali. La Commissione delle Comunità europee ha formulato l'auspicio che tutti i cittadini della comunità conoscano almeno una lingua comunitaria oltre alla propria lingua madre e che molti ne conoscano due.

Tuttavia per quanto riguarda la posizione dell'Italia e in particolare la diffusione del plurilinguismo, è stato detto più volte che il nostro Paese si trova a una certa «distanza» dall'Europa e che è necessario un investimento maggiore nelle lingue rispetto al passato. La sfida riguarda in primo luogo gli istituti per l'insegnamento superiore, impegnati in un duplice compito: da una parte offrire ai propri studenti la possibilità di acquisire o perfezionare conoscenze di lingue straniere e dall'altra formare gli insegnanti di lingue per le scuole secondarie, a cui spetta il compito di preparare i futuri studenti universitari.

Qualsiasi programmazione di interventi sulla didattica delle lingue da parte dell'Università dovrà prendere in considerazione i punti seguenti e proporre delle soluzioni ad essi:

1) Programmare gli interventi secondo un progetto i cui obiettivi siano chiaramente definiti. Tale programma dovrà anche tener conto, nel quadro dell'autonomia delle Università, di fattori sociopolitici, geo-

[*] Pavia.

grafici e culturali specifici dell'area: penso, ad es., ad un criterio di vicinanza geografica, per cui è desiderabile che lingue confinanti siano conosciute (quindi insegnate) dalle due parti delle frontiere. Questo principio è importante per sostenere le lingue meno diffuse nella Comunità.

2) Adottare anche modalità didattiche innovative, accanto ad altre collaudate dalla tradizione, che potrebbero essere, per fare degli esempi, corsi intensivi di lingua straniera di durata ridotta concentrati in momenti dell'anno liberi da altre lezioni, qualche forma di insegnamento a distanza, autoaddestramento attraverso mezzi informatici, uso della lingua straniera per impartire l'insegnamento in corsi specifici.
3) Individuare, accanto ai lettori di madre lingua, altre figure di personale docente, attraverso la forma del comando o del contratto, a cui affidare il compito della didattica linguistica.
4) Attuare un coordinamento con la scuola secondaria superiore

Ciascuno dei punti enunciati richiederebbe di essere sviluppato, e alcuni sono toccati negli interventi raccolti in questo volume. Qui non posso far altro che limitarmi a due osservazioni. La prima è che, anche se è scontata, e confermata dai nostri dati, la posizione dell'inglese, in testa alle richieste di lingua, si dovrà tener maggior conto del fatto che altre lingue, come il tedesco e il francese, sono fortemente richieste con motivazioni strumentali. La seconda osservazione è che si dovrà riservare uno spazio alle lingue meno diffuse, che sono anche le meno insegnate, ma che sono sostenute dalla politica della Comunità europea, giustamente rispettosa e preoccupata della diversità linguistica e culturale all'interno della Comunità.

Mi si consenta di spendere due parole sul coordinamento con l'insegnamento della scuola secondaria, punto di importanza strategica nell'ottica di una politica linguistica globale. Rammento che i diplomati delle scuole secondarie hanno fatto tutti una lingua e in molti casi anche due. Di questo dato non si tiene sufficientemente conto nella programmazione della didattica nell'Università. Per migliorare l'interazione tra i diversi moduli di cui si compone la carriera scolastica degli studenti, si potrebbe immaginare una forma di controllo iniziale volta ad accertare le conoscenze linguistiche acquisite nelle scuole superiori. Tale accertamento potrebbe diventare un requisito di ammissione all'Università, con la clausola che coloro che non lo superano saranno indirizzati verso corsi propedeutici intensivi. Un simile provvedimento avrebbe tra l'altro il grosso vantaggio di costituire una solida motivazione allo studio delle lingue per gli studenti delle scuole medie superiori. Anche se la proposta non sarà applicabile subito, credo che bisognerà muoversi in questa direzione, per evitare di disperdere energie e investimenti fatti nell'insegnamento delle lingue alle scuole medie inferiori e superiori.

All'interno dell'Università gli studenti dovrebbero ricevere un sostegno adeguato per approfondire le conoscenze linguistiche acquisite e la possibilità di ampliarle imparando nuove lingue. In termini concreti di programmazione degli insegnamenti da impartire all'Università questo significa che il tedesco o lo spagnolo saranno oggetto di corsi per principianti, mentre l'inglese lo sarà in misura minore, perché i principianti sono in proporzione in numero più limitato. Questo è il contrario di quanto avviene attualmente.

In questo quadro di esigenze, in cui all'Università vengono necessariamente attribuite ampie responsabilità, è sembrato opportuno al Centro Interfacoltà di Ricerca, a cui compete istituzionalmente la ricerca sull'apprendimento e l'insegnamento delle lingue, intraprendere una ricerca volta a conoscere in maniera più approfondita alcuni aspetti significativi della realtà:

1) la preparazione linguistica con cui gli studenti arrivano all'Università (nell'ottica suaccennata di sviluppare il coordinamento);
2) la rilevanza attribuita dagli studenti alle singole lingue straniere (in particolare quelle insegnate presso l'Università di Pavia) in relazione alla laurea prevista, e le motivazioni, di tipo strumentale o culturale, della scelta della lingua da studiare;
3) la disponibilità ad investire nello studio delle lingue in termini di tempo e le modalità di apprendimento/insegnamento auspicate.

L'obiettivo della ricerca è pertanto duplice: all'esigenza di raccogliere elementi conoscitivi sulla realtà si correla l'obiettivo di acquisire uno strumento per la programmazione di interventi sull'organizzazione curricolare e sulla didattica delle lingue.

L'indagine è stata svolta mediante il questionario: *Le lingue straniere all'Università. Questionario per i neo-iscritti all'Università degli Studi di Pavia*, distribuito alle matricole dell'anno 1991-92. A questo punto è doveroso ringraziare l'Amministrazione universitaria per la sensibilità e l'interesse mostrato verso questa iniziativa e per il sostegno, finanziario e organizzativo, fornito. Un particolare grazie deve essere espresso alla Segreteria Studenti.

Va subito detto che quella che presentiamo oggi è solo la prima parte di una ricerca che dovrà essere completata per raggiungere risultati più significativi, anche in vista di un programma di interventi. È stato deciso di dar inizio alla ricerca sottoponendo ad indagine il momento iniziale del percorso universitario. Le matricole hanno fornito attraverso le risposte un quadro delle loro aspettative e dei bisogni linguistici più nettamente avvertiti.

Questi utenti non conoscono per esperienza diretta la struttura universitaria e non sorprende, pertanto, di trovare una certa proiezione delle esperienze fatte nella scuola superiore: molti, ad esempio, si aspettano di studiare le lingue secondo moduli tradizionali piuttosto che in strutture autonome come i centri specializzati (Pavesi, in questo volume).

Il progetto di ricerca prevede ulteriori fasi da realizzarsi secondo una struttura modulare:

I Anzitutto verrà svolta un'indagine parallela, anch'essa mediante questionario, alla fine del percorso universitario presso gli studenti che si laureano. Lo scopo è quello di effettuare una ricognizione sul percorso effettivamente svolto. Gli studenti forniranno indicazioni sulla frequenza dei corsi, sull'uso del laboratorio, sull'uso di strumenti didattici, su eventuali integrazioni con corsi extra–universitari. Potranno anche fornire una autovalutazione sui livelli di competenza linguistica raggiunti e fornire anche suggerimenti sulla organizzazione della didattica. Questa seconda parte della ricerca potrà essere svolta nel 1993.

II Il questionario chiedeva agli studenti di segnalare su un foglio a parte la loro eventuale disponibilità a partecipare in forma attiva alla ricerca. La risposta è stata davvero confortante e ben distribuita sulle Facoltà. Si è in tal modo selezionato un gruppo di studenti interessati e disponibili che potranno essere sottoposti a questionari e interviste su problemi di motivazione o di organizzazione didattica.

III Sono previste anche altre forme di indagine presso i docenti e lettori incaricati dell'insegnamento delle lingue nelle diverse Facoltà, allo scopo di acquisire informazioni sulla posizione degli insegnamenti di lingue nei corsi di laurea, sui programmi di insegnamento e sulle metodologie che si ritengono adeguate a soddisfare le esigenze specifiche degli studenti.

IV Un ulteriore studio riguarderà il periodo immediatamente successivo alla laurea. L'obiettivo è di verificare in che misura le competenze linguistiche acquisite siano funzionali nel contesto professionale dopo la laurea.

Il questionario, riportato in questo volume a conclusione della Parte Prima, è illustrato negli aspetti statistici adattati per la rilevazione e l'elaborazione dei dati nei contributi di C. Colucci, E. Caldirola e M.A.G. Beretta; i primi risultati sono invece discussi nel contributo di M. Pavesi.

Ringrazio i colleghi esperti di statistica del Dipartimento di studi politici e sociali, perché senza la loro collaborazione la ricerca non avrebbe potuto essere realizzata. Segnalo anche che i dati sono a disposizione degli interessati che potranno rivolgersi direttamente al Centro.

Sarebbe auspicabile un confronto dei risultati di questa ricerca con altri dati a livello nazionale. Purtroppo indagini con una vastità comparabile di impianto non sono state finora condotte in Italia (o se tentate non sono state pubblicate). È un augurio che facciamo a noi tutti di poter rendere disponibile in un tempo ragionevolmente breve l'elaborazione dei dati raccolti e di far circolare presso i colleghi e gli organi istituzionali questo contributo conoscitivo, allo scopo di suggerire riflessioni e stimolare iniziative.

La presentazione dei risultati della ricerca pavese, raccolta nella Parte Prima di questo volume, è seguita da un nutrito numero di contributi incentrati sull'organizzazione della didattica delle lingue, raccolti nella Parte Terza. Il dibattito su questo tema si è svolto in diverse sedi, a Firenze, Trento, Bologna, Torino, ecc. Data la delicatezza e l'importanza di questo momento di evoluzione nell'Università italiana, è importante tener vivo il dibattito attraverso un confronto frequente di idee ed esperienze.

Sappiamo che c'è molta eterogeneità nell'Università italiana per quanto riguarda le funzioni e i compiti dei Centri linguistici, che in taluni casi sono centri di servizi per la gestione di strumenti, in altri casi anche luoghi di ricerca. Presenta molte variazioni anche la posizione di docenti e lettori che svolgono attività in essi, tuttavia la fissazione di punti qualificanti comuni è, ritengo, un obiettivo desiderabile, pur nel pieno rispetto dell'autonomia universitaria.

È sperabile che questo dibattito fornisca qualche suggerimento all'Università di Pavia nella direzione auspicata dal Magnifico Rettore di un coordinamento stabile, da attuarsi nell'ambito dello statuto autonomo dell'Università, tra le competenze e le attività di ricerca del Centro di ricerca sulla didattica delle lingue straniere moderne, che ha organizzato questo incontro, e il Centro di servizi «Laboratorio linguistico» che gestisce le apparecchiature per l'apprendimento linguistico.

Voglio ricordare a questo proposito due recenti prese di posizione sulla funzione dei Centri linguistici che si muovono in una direzione concorde. La Società Italiana di Glottologia, nel convegno dell'ottobre 1991 su *Linguistica e insegnamenti linguistici nell'Università italiana* (atti pubblicati a cura di P. Cuzzolin e A. Giacalone Ramat, presso l'editore Giardini, Pisa, 1992), ha raccomandato che presso i Centri si svolga anche la ricerca linguistica «al fine di garantire la necessaria qualificazione della didattica linguistica». La Commissione Ministeriale, in risposta al documento della Comunità europea sulle lingue straniere, ha ribadito la funzione inscindibile di didattica e ricerca che dovrà competere ai Centri.

Mi preme ricordare che un contributo, quello di M. Vedovelli è dedicato all'Italiano come lingua straniera nell'Università. L'attività svolta negli ultimi anni dal Centro di ricerca è stata dedicata allo studio dell'italiano L2 nella convinzione che l'insegnamento delle lingue straniere agli studenti italiani e dell'italiano come lingua straniera agli studenti stranieri siano aspetti inscindibili di una politica linguistica di dimensione europea.

Ricordo che il Centro di didattica ha organizzato un convegno (Pavia, 15 dicembre 1989) su *Modelli e strategie per l'insegnamento dell'italiano lingua seconda* (i cui atti, a cura di M. Mazzoleni e M. Pavesi sono apparsi presso l'editore F. Angeli, Milano, 1991) e desidero anche ricordare l'impegno della nostra Università nell'organizzazione di corsi di italiano per gli studenti stranieri.

L'italiano è la prima tra le lingue comunitarie meno diffuse ed è richiesta e studiata in misura sempre maggiore in Italia e all'estero. L'Università è chiamata a far fronte anche a questo impegno con strumenti teorici e pratici adeguati. Purtroppo, al momento attuale, nel quadro istituzionale dell'italiano per stranieri vi sono vistose lacune da colmare, sia per quanto riguarda la messa a punto di strumenti teorici e descrittivi, sia per quanto riguarda la disponibilità di materiali didattici adeguati ai vari livelli e tipi di utenti. Va inoltre sottolineata con particolare urgenza la carenza di un curriculum per la formazione di insegnanti di italiano seconda lingua, di programmi per l'insegnamento, di figure di docenti e ricercatori.

La prospettiva europea ormai vicina impone di provvedere tempestivamente.

Istruzioni per l'uso: avvertenze, posologia e controindicazioni nell'assumere prodotti della ricerca sociale

di *Celestino Colucci**

1. Premessa

Ritengo sia utile, prima di presentare i risultati, anche se solo provvisori e scaturiti da una prima elaborazione dei dati raccolti, dedicare alcune righe alla riflessione sulla ricerca e sulle modalità seguite nell'effettuarla. Soprattutto quando una ricerca viene coordinata, se non condotta, da un «sociologo» o da uno «statistico», si tende immediatamente a pensare ad uno ed un solo strumento: il questionario, e ad associarvi tutto il corollario di strumentazioni: elaboratore, procedure numeriche e statistiche che parrebbero conferire automaticamente (e spesso acriticamente) ad un qualsiasi tentativo di estendere la conoscenza di un qualsivoglia fenomeno il crisma della «scientificità».

Per sgombrare immediatamente il campo da queste forme di pregiudizio ed equivoco (anche se per certi versi lusinghiere nei confronti del sociologo o dello statistico) diciamo subito che qualsiasi approccio alla conoscenza della realtà non può basarsi che su modelli euristici: pertanto, quale che sia la scelta operata nel tratteggiare il «disegno di ricerca» e quale che sia il metodo di osservazione conseguentemente prescelto, della realtà o del fenomeno che intendiamo studiare otterremo, nel migliore dei casi, solo un'immagine estremamente riduttiva e schematica. La descrizione non potrà mai essere completa e complessa, ma limitata ai concetti (ed alle variabili che operazionalmente li rappresentano) aprioristicamente individuati; le possibili «spiegazioni» fondate sulle sole proposizioni formulabili ponendo in relazione solo ed

* Pavia.

esclusivamente quei concetti e quelle variabili. Ogni altra possibile illazione, ove essa esuli da questi limiti, per quanto arguta o interessante o desiderabile è assolutamente arbitraria.

Solo avendo ben chiara questa premessa è possibile iniziare a considerare il disegno che è stato delineato per questa ricerca e, più ancora, scopi e limiti associabili alla parte che è stata sinora condotta e della quale verranno esposti i risultati provvisori emersi dalla prima analisi dei dati raccolti.

2. Il progetto

La ricerca nasce, come già detto (cfr. Giacalone Ramat in questo volume) su sollecitazione esplicita espressa dai colleghi ed amici del «Centro di ricerca per la didattica delle lingue straniere moderne». Gli obiettivi che ci eravamo prefissati nel definire il progetto erano:

a) stimare la dimensione quantitativa del fabbisogno di lingue straniere presso l'Università di Pavia (per quali lingue e da quanti studenti fosse esplicitamente richiesto l'insegnamento);
b) valutare grado e livello di apprendimento delle lingue straniere da parte degli studenti universitari, differenziando l'analisi a seconda che si trattasse di primo apprendimento od approfondimento ed in ragione delle differenti Facoltà e Corsi di laurea frequentati;
c) verificare, in ragione dei differenti *curricula*, come l'insegnamento delle lingue venga attualmente concepito (considerato) nelle diverse facoltà dell'ateneo pavese: in particolare sarebbe stato necessario accertare, da un lato di qual grado di legittimità e di quali riconoscimenti istituzionali esso goda e dall'altro in quali condizioni, al di là del dettato istituzionale, l'insegnamento linguistico viene effettivamente impartito e se sia in grado, concretamente, di soddisfare il bisogno espresso dagli studenti.
d) infine valutare, per gli insegnamenti di lingua, quali che fossero le strutture didattiche più appropriate e se si dovesse prefigurare una o più strutture differenziate (discriminando a seconda che si trattasse o meno di lingue veicolari, se i bisogni espressi afferissero all'apprendimento o all'approfondimento di una o più lingue, se si dovessero o meno privilegiare gli aspetti linguistici specificamente legati all'area disciplinare o tecnico-scientifica delle diverse facoltà piuttosto che quelli che più direttamente associano una lingua alla cultura in cui e con la quale si è formata ecc.);

La complessità del problema proposto e la differenza degli obiettivi non potevano essere ridotti entro i ristretti limiti di un approccio fondato su di una stessa modalità di osservazione: diverse le unità di analisi - gli studenti al momento dell'inizio degli studi universitari per l'obiettivo a); pedagogisti, esperti di didattica delle lingue straniere moderne (docenti, lettori) e coloro che sono istituzionalmente preposti alla definizione di piani di studio ed indirizzi didattici nelle diverse facoltà (presidi, consigli di facoltà e di corso di laurea, commissioni didattiche e di indirizzo ecc.) per quanto afferisce all'obiettivo indicato sotto la lettera d) e c); ancora i docenti di lingue e gli studenti, ma in questo caso osservati durante o alla conclusione del corso di studi intrapreso per poter perseguire l'obiettivo b).

In ragione dei differenti obiettivi e della endemica scarsità di risorse che contraddistingue la ricerca (quella sociale in particolare) si è deciso di comune accordo di suddividere il progetto in tre fasi:

1) decidemmo così di tentare innanzitutto di «stimare» il «bisogno» di lingue consapevolmente espresso dagli studenti che si apprestavano a seguire un corso di studi universitario presso l'Ateneo pavese vincolandolo al tipo di offerta (corsi di lingua attivati) che la struttura era già in grado di poter loro fornire;
2) In un secondo tempo ci saremmo proposti di analizzare la struttura degli insegnamenti di lingue e come essi si integrassero o meno nei diversi curricola previsti nell'Ateneo pavese;
3) nell'ultima fase del progetto si dovrà affrontare il problema di ipotizzare la miglior risposta all'articolato fabbisogno di didattica delle lingue straniere per gli studenti iscritti alle diverse facoltà e corsi di laurea (individuare quale o quali strutture sarebbero più funzionali a rispondere da un lato alla domanda espressa dagli studenti e dall'altro alle esigenze connesse alla articolazione e specificità delle diverse facoltà; valutare se sia o meno opportuno concentrare in tutte o in parte le risorse per la didattica delle lingue straniere in un unico polo ovvero decentrare risorse e competenze presso le diverse facoltà ecc.).

In occasione dell'apertura delle iscrizioni all'anno accademico 1991-92 abbiamo avviato la prima parte del progetto: quella relativa alla «stima» del «bisogno» di lingue consapevolmente espresso dagli studenti che si apprestavano a seguire un corso di studi universitario presso l'Ateneo pavese vincolandolo al tipo di offerta (corsi di lingua attivati) che la struttura era già in grado di poter loro fornire. Per meglio precisare gli scopi che hanno contraddistinto questa fase del progetto è utile chiarire, anche rischiando di essere eccessivamente pedanti, alcune premesse fondamentali per comprendere senza possibilità di equivoco il lavoro sin qui svolto.

In altre parole ci interessava meno, in questa fase della ricerca, quale, tra tutte le possibili lingue oggi parlate nel mondo, lo studente desiderasse imparare, né a quale livello di conoscenza della lingua stessa egli desiderasse arrivare; piuttosto ci interessava conoscere quali tra le lingue i cui insegnamenti erano impartiti presso l'Università di Pavia, egli desiderasse conoscere.

Ancora: non era nostro interesse (sempre non in questa fase) definire il grado di conoscenza delle lingue straniere, ci interessava piuttosto sapere se e quali percorsi avesse in passato seguito per apprenderle e quale che fosse la «sua» stima sul grado di conoscenza di quelle stesse lingue rispetto alle quattro abilità di base: capire, parlare, leggere e scrivere nella lingua straniera già appresa e/o che egli intendeva apprendere/approfondire nel corso degli studi universitari.

Si è preferito quindi, anziché indagare sulla complessità del reale e sulle articolate motivazioni che avevano in passato portato questi giovani ad apprendere una o più lingue straniere (ovvero facevano sì che essi manifestassero l'intenzione di affrontare questi studi nel prossimo futuro), osservare come essi si sarebbero «suddivisi» in ragione di una serie di ipotesi da noi predeterminate. Questa la ragione della nostra scelta di procedere, in questa prima fase della ricerca, tramite una *survey*, utilizzando quindi un questionario standardizzato che doveva essere compilato direttamente dai rispondenti (cfr. E. Caldirola, in questo volume per una dettagliata descrizione della articolazione del questionario predisposto).

Una volta operata tale scelta, ragionevolmente convinti ma non sicuri che fosse la migliore, siamo ben consci – ed è bene che tale convinzione accomuni tutti coloro che ne leggeranno i risultati – di aver posto l'accento sulla componente di *reliability* piuttosto che su quella di *validity*: ovvero, rispetto a ciascuna delle «interrogazioni» poste ai nostri intervistati, abbiamo preferito, a risposte estremamente varie ed articolate che riflettevano condizioni, esperienze e pulsioni soggettive in modo compiuto («reale»), costringerli a «scegliere» tra un ben definito e preordinato *pattern* di risposte possibili, quale che fosse la «più vicina» alla loro specifica ed irripetibile situazione. Parafrasando: nessuno degli intervistati ha potuto fornire una accurata «risposta» alle nostre domande, ma è stato in qualche modo «costretto» a scegliere, tra quelle da noi proposte, «la meno peggio».

Un'ultima necessaria informazione «a scopo cautelare», va data sulle modalità di compilazione dei questionari e di coloro che sono stati chiamati a rispondere alle nostre domande. Ci riferiamo qui a concetti quali: la «rappresentatività», ovvero la capacità espressa da parte dell'insieme dei rispondenti (coloro che hanno correttamente compilato il questionario) di riprodurre con un accettabile grado di correttezza e completezza l'insieme delle variabili rilevanti che caratterizzano la popolazione individuata dalla ricerca; e la «generalizzabilità» dei risultati emersi dalle osservazioni, la possibiltà di attribuire a tutta la popolazione i risultati e le considerazioni che siano emersi dall'osservazione dei dati condotte sul campione. Sono, queste, le caratteristiche che dovrebbero sempre contraddistinguere un campione quando si affronti una ricerca di tipo descrittivo. Nel nostro caso questo delicato aspetto del disegno di ricerca deve essere accuratamente considerato, pena il rischio di eccessive generalizzazioni o di erronee attribuzioni dei risultati delle elaborazioni che verranno in seguito esposte.

La decisione assunta dal gruppo di ricerca, data la già citata endemica scarsità di risorse che non ci avrebbe consentito di utilizzare intervistatori per la somministrazione del questionario, fu di non ricorrere ad alcuna forma di campionamento, bensì di «invitare» tutta la popolazione (gli studenti che si immatricolarono per la prima volta per l'anno accademico 1991-92 presso l'Università degli Studi di Pavia) a compilare autonomamente un questionario strutturato che fu loro consegnato congiuntamente ai documenti informativi distribuiti dalla Segreteria studenti dell'Università. Il questionario, compilato in ogni sua parte, doveva essere restituito presso gli uffici della Segreteria al momento del perfezionamento della iscrizione. Gli «intervistati», quindi coloro che furono sollecitati a rispondere, corrispondono con l'intera popolazione degli immatricolati dell'anno accademico 1991-92; in altre parole si è proceduto non ad una intervista campionaria ma ad un censimento di tutta la popolazione individuata. D'altra parte uno dei principi deontologici del ricercatore sociale vuole che da parte dei soggetti osservati vi sia volontà di partecipazione alla ricerca: non era eticamente accettabile (né per altro legalmente possibile) «costringere» gli studenti a compilare il questionario. Non potevamo quindi esercitare forme di pressione affinché ci fornissero le informazioni da noi richieste compilando il questionario e neppure eravamo in condizioni (per l'eccessivo costo che la ricerca avrebbe comportato) di procedere ad una somministrazione tramite intervistatore, pratica che avrebbe sensibilmente innalzato il tasso di risposta.

La procedura seguita pone, a chi voglia leggere ed interpretare le elaborazioni dei dati raccolti, alcuni problemi in merito proprio a quei concetti di «rappresentatività» e «generalizzabilità» che sono stati prima richiamati:

- quando consideriamo gli «intervistati» dobbiamo assumere l'ipotesi di essere a fronte di una ricerca condotta su tutta la popolazione: alle risposte ottenute dobbiamo sommare le «non risposte», comunque le si voglia interpretare (non competenza a rispondere, rifiuto di rispondere, trascuratezza e negligenza, o più semplicemente pigrizia, da parte degli intervistati). Se la matrice dei dati viene concepita secondo questo criterio non esiste, sostanzialmente, alcun problema di rappresentatività (tutta la popolazione è stata chiamata a rispondere, quindi virtualmente intervistata), ma dovremo tener conto di un elevato tasso di mancate risposte che dovremo, in qualche modo, interpretare. Come pure non avremo alcun problema a generalizzare le informazioni raccolte: le mancate risposte, per quanto numerose, vanno trattate come tali - per altro non ci sarà possibile, ad esempio, basandoci esclusivamente sulle risposte ottenute circa il «genere» degli intervistati, ipotizzare quanti siano i maschi e le femmine nella nostra popolazione. In sede di descrizione affermeremo che sono stati rilevati N maschi K femmine e X soggetti di sesso non determinato. L'informazione in merito alla distribuzione per sesso della popolazione è palesemente carente, e lo è tanto di più quanto più elevato il valore di X. Per altro, sulla base di questo tipo di dati, alcune informazioni potranno essere utilmente utilizzate: se un totale di N studenti hanno esplicitamente dichiarato di desiderare apprendere l'inglese in quanto lingua veicolare, potremo individuare nel valore N la dimensione quantitativa del bisogno espresso di apprendimento della lingua inglese da parte dell'intera popolazione intervistata; ed essere ragionevolmente consapevoli che almeno sulla base di quel valore N dovrebbero essere dimensionate risorse e strutture per la didattica della lingua inglese;

- quando invece assumeremo quale matrice dei dati l'insieme di coloro che hanno compilato e consegnato il questionario e le risposte da essi fornite ci troveremo di fronte a problemi d'ordine differente. Il gruppo dei rispondenti non «rappresenta» correttamente la popolazione nella sua interezza e complessità: ad esempio possiamo ragionevolmente supporre che tra coloro che hanno compilato il questionario prevalgano gli studenti diligenti e di buona volontà rispetto al gruppo dei «non rispondenti», così come possiamo ragionevolmente ipotizzare che chi ha compilato il questionario sia più interessato alle lingue straniere di chi non si è dato pena di farlo. Cadendo il grado di «rappresentatività» non ci è possibile «generalizzare» l'aspetto descrittivo della ricerca (se mi si consente una eccessiva semplificazione: se il 30% dei rispondenti si dichiara interessato all'apprendimento del russo non siamo autorizzati a pensare che il 30 % degli immatricolati lo sia); per contro è possibile, ove siano rispettate determinate condizioni imposte dalle regole statistiche, generalizzare talune ipotesi relazionali. Sempre semplificando ed esemplificando, se gli studenti rispondenti di sesso femminile denotano una significativa maggior propensione per gli studi di lingue dei rispondenti di sesso maschile potremo legittimamente assumere che ciò valga a livello dell'intera popolazione. Non potremo sapere quanti siano i maschi rispetto alle femmine nella popolazione totale ma potremo comunque affermare, rispetto all'universo considerato, che la propensione femminile all'apprendimento delle lingue straniere è maggiore di quella maschile.

Se poi saremo riusciti a raccogliere, per altre vie, informazioni sulla popolazione degli iscritti ci sarà possibile, sulla base delle nostre ipotesi relazionali scaturite dall'analisi dei dati forniti dai rispondenti, stimare come e quanto esse possano riflettersi sulla popolazione considerata (cfr M.A.G. Beretta, in questo volume, circa i dati sulla distribuzione di alcune variabili rilevanti nella popolazione degli immatricolati e nel gruppo dei rispondenti e relative analisi).

Altre cautele vanno direttamente derivate dalle informazioni relative alla struttura ed articolazione del questionario: non dimentichiamo che la sua struttura estremamente rigida e vincolante costringe chi risponde a dover necessariamente optare per una ed una sola delle possibili modalità di risposta, inoltre una impropria formulazione della stessa domanda potrebbe indurre in equivoco il rispondente. Pertanto, quale ultima precauzione, suggerisco a chi prenderà in considerazione i tabulati emersi dalla prima analisi dei dati della *survey* di non soffermarsi sulle «etichette» sintetiche che contraddistinguono tavole e distribuzioni di frequenza, ma di leggere attentamente ognuna delle domande poste nel questionario e le relative possibilità di risposta. Ciò al fine di poter valutare con la miglior accuratezza possibile il «concetto» sottostante la variabile considerata e gli intervalli di misurazione adottati. Per quanto ci si sia impegnati siamo consapevoli che il nostro risultato non è esente da errori, così come siamo ben consci dei limiti che un approccio di questo tipo necessariamente comporta. È quindi altrettanto rilevante sottolineare, in questa sede, che ogni critica, suggerimento od indicazione sono sempre ben accetti.

La matrice dei dati e il questionario

di *Elena Caldirola*[*]

1. Premessa

Lo studio di qualunque fenomeno ha come antecedente logico l'«osservazione» della sua struttura e del suo evolversi e, prima ancora, la scelta degli strumenti ritenuti più adatti alla migliore definizione ed approfondimento di tutte le tematiche poste a obiettivo della ricerca. Come evidenziato da J. Galtung, la metodologia della ricerca sociale offre la possibilità di molteplici prospettive dalle quali «fotografare» l'oggetto della ricerca (che nel nostro caso è «Le lingue straniere all'Università» nelle opinioni delle matricole universitarie iscritte nell'a.a. 1991-1992): ricerche intesive o estensive, ricerche psicologiche, inchieste di taglio giornalistico, questionari.

Individuato il fine, si devono ora tracciare le coordinate quantitative all'interno delle quali selezionare l'opportuno procedimento metodologico.

È evidente che su un potenziale universo di circa 7000 unità e con la necessità (delineata nel corso della stesura degli obiettivi) di sottoporre alle medesime un consistente numero di domande appaiono efficaci a) la somministrazione di un questionario oppure, b) l'intervista di ogni unità che si dichiari interessata ai fini dell'indagine.

Per motivi economici e di personale disponibile si è scelta la prima via. I questionari sono stati predisposti all'interno del Dipartimento di studi politici e sociali con la collaborazione del Centro documentazione e del Centro stampa dell'Università di Pavia. La distribuzione alle matricole è stata effettuata agli sportelli della Segreteria studenti, consegnando il questionario in allegato alle pratiche di iscrizione. In una nota posta nella pagina di facciata si rendevano noti agli studenti i motivi dell'indagine (la «curiosità» di studiosi finalizzata al miglioramento del

[*] Pavia.

servizio pubblico e quindi con effetti di ricaduta favorevoli per gli utenti del medesimo servizio), si assicurava l'anonimato dei dati raccolti (infatti si richiedeva agli studenti che avessero voluto cooperare più attivamente alla ricerca di segnalare il proprio nominativo per poterli sottoporre a nuove rilevazioni in uno studio di *panel*) e il loro uso esclusivamente scientifico. Attraverso questi «richiami» alla responsabilità si cercava di sensibilizzare quante più matricole possibile alla compilazione del questionario. In effetti sono stati raccolti 3255 questionari, che costituiscono il 59% dell'universo considerato.

Dal momento che tutte le considerazioni tratte dall'osservazione delle risposte date volevano riferirsi all'intero universo degli iscrivendi e non solo al nucleo dei rispondenti, è stata prima cura verificare la «rappresentatività del campione» raccolto nei confronti della popolazione da cui era stato tratto.

Una volta accertata questa proprietà si è proceduto al passaggio su supporti elettronici dei dati contenuti nei questionari. Successivamente, avvalendosi di *software* statistici e di pacchetti grafici, sono stati ottenuti i risultati di merito presentati a questo convegno.

Si è ritenuto utile evidenziare alcuni concetti-guida della metodologia della ricerca sociale (ed in particolare della ricerca attraverso questionari) affinché sia pienamente comprensibile non solo l'esposizione dei risultati, ma anche per rendere visibile l'intenso lavoro dedicato dal ricercatore sulla predisposizione della traccia del questionario e sulla revisione dei dati grezzi, in modo da gettare una solida base per le successive elaborazioni statistiche dei dati.

2. La matrice dei dati

Una volta terminata la prima parte della ricerca, cioè la raccolta dei dati, è necessario affrontare la seconda fase, cioè l'ordinamento dei dati raccolti. È infatti indispensabile poter esaminare non tanto un singolo soggetto intervistato nella globalità delle sue risposte (come accade sfogliando un questionario), ma soprattutto esaminare ogni risposta nella globalità dei soggetti intervistati. Non è tanto importante sapere, ad. es., su 3000 intervistati l'opinione del 1853° soggetto su tutte le domande, quanto invece conoscere come la totalità degli intervistati si sia distribuita nel rispondere, ad. es., alla domanda: «Quale diploma di scuola superiore hai conseguito?». Come dunque è possibile una lettura non solo per caso ma anche per stimolo? Se il questionario utilizzato era stato strutturato con domande chiuse, alle quali era possibile rispondere solo scegliendo tra le modalità elencate (es. Titolo di studio del padre: 1. Licenza Elementare 2. Lic. Media 3. Diploma Superiore 4. Laurea 5. Altro) l'ordinamento dei dati è molto semplice. Si immagini di disporre le informazioni raccolte su un foglio ponendo su ogni riga un caso e su ogni colonna una domanda (o stimolo).

L'intersezione di ogni riga/colonna provoca una risposta R. Ad es. la risposta evidenziata in neretto è quella indicata dal 7° intervistato alla 5° domanda.

	STIM 1	STIM 2	STIM 3	STIM 4	STIM 5	STIM 6	STIM 7	STIM 8	STIM 9	STIM 10
Caso 1	$R_{1.1}$	$R_{1.2}$	$R_{1.3}$	$R_{1.4}$	$R_{1.5}$	$R_{1.6}$	$R_{1.7}$	$R_{1.8}$	$R_{1.9}$	$R_{1.10}$
Caso 2	$R_{2.1}$	$R_{2.2}$	$R_{2.3}$	$R_{2.4}$	$R_{2.5}$	$R_{2.6}$	$R_{2.7}$	$R_{2.8}$	$R_{2.9}$	$R_{2.10}$
Caso 3	$R_{3.1}$	$R_{3.2}$	$R_{3.3}$	$R_{3.4}$	$R_{3.5}$	$R_{3.6}$	$R_{3.7}$	$R_{3.8}$	$R_{3.9}$	$R_{3.10}$
Caso 4	$R_{4.1}$	$R_{4.2}$	$R_{4.3}$	$R_{4.4}$	$R_{4.5}$	$R_{4.6}$	$R_{4.7}$	$R_{4.8}$	$R_{4.9}$	$R_{4.10}$
Caso 5	$R_{5.1}$	$R_{5.2}$	$R_{5.3}$	$R_{5.4}$	$R_{5.5}$	$R_{5.6}$	$R_{5.7}$	$R_{5.8}$	$R_{5.9}$	$R_{5.10}$
Caso 6	$R_{6.1}$	$R_{6.2}$	$R_{6.3}$	$R_{6.4}$	$R_{6.5}$	$R_{6.6}$	$R_{6.7}$	$R_{6.8}$	$R_{6.9}$	$R_{6.10}$
Caso 7	$R_{7.1}$	$R_{7.2}$	$R_{7.3}$	$R_{7.4}$	$\mathbf{R_{7.5}}$	$R_{7.6}$	$R_{7.7}$	$R_{7.8}$	$R_{7.9}$	$R_{7.10}$
Caso 8	$R_{8.1}$	$R_{8.2}$	$R_{8.3}$	$R_{8.4}$	$R_{8.5}$	$R_{8.6}$	$R_{8.7}$	$R_{8.8}$	$R_{8.9}$	$R_{8.10}$
Caso 9	$R_{9.1}$	$R_{9.2}$	$R_{9.3}$	$R_{9.4}$	$R_{9.5}$	$R_{9.6}$	$R_{9.7}$	$R_{9.8}$	$R_{9.9}$	$R_{9.10}$
Caso 10	$R_{10.1}$	$R_{10.2}$	$R_{10.3}$	$R_{10.4}$	$R_{10.5}$	$R_{10.6}$	$R_{10.7}$	$R_{10.8}$	$R_{10.9}$	$R_{10.10}$
Caso N										

Le domande poste nel questionario possono rilevare elementi a) qualitativi o b) quantitativi del soggetto.

In caso di a) (tipo di scuola frequentata, facoltà scelta) le risposte possibili sono già state definite dal ricercatore, che le ha contrassegnate con un numero (Scuola frequentata: 1. Liceo Classico 2. Liceo Scientifico 3. Ragioneria 4. Ist. Tec. Industriale 5. Altro); in caso di b) (età dell'intervistato, anno di conseguimento del diploma) viene semplicemente riportato il valore espresso sul questionario.

Nella figura seguente è possibile osservare un esempio di rilevazione qualitativa (stimolo o variabile 1) e quantitativa (variabile 2).
Le modalità indicate non dovrebbero oltrepassare rispettivamente i valori di 5 e 60. Ma compaiono anche 9 e 99. Questi valori, precedentemente ed arbitrariamente scelti dal ricercatore, hanno la funzione di indicare tutte le non-risposte (risposte mancanti, errate o ambigue) che frequentemente si riscontrano nella lettura dei questionari. La matrice

dati non sopporta valori mancanti nel reticolo e considera anche lo spazio vuoto che trova nel punto intersezione rc (riga/colonna) come un valore. Inserire valori numerici al posto di spazi vuoti permette al ricercatore di isolare in un gruppo le non–risposte (tecnicamente indicate come *missing*) e di non considerarle durante il computo di statistiche. In alcuni casi la non risposta a una domanda non è indice di errore o di incomprensione di quell'*item*, ma di rifiuto di compilare la risposta a quella domanda così come è stata posta o di incertezza che evidenzia non la cattiva formulazione del quesito, ma un atteggiamento o uno *status mentis* che può essere interessante approfondire (es. non–risposta in considerevole numero alla domanda «La Lega Lombarda per te è un partito di destra o di sinistra?»). Isolare questo gruppo di unità e verificare l'associazione o la relazione tra altre variabili può portare a formulare ipotesi degne di considerazione.

	VAR 1	VAR 2
Caso 1	1	36
Caso 2	3	48
Caso 3	5	52
Caso 4	9	60
Caso 5	4	99
Caso 6	3	40
Caso 7	2	38
Caso 8	4	44
Caso 9	9	46
Caso 10	2	48
Caso N		

La prima variabile concerne il tipo di scuola frequentata (modalita da 1 a 5) mentre la seconda indica il voto conseguito alla maturità (valori da 36 a 60).

3. Il questionario

Alle aspiranti «matricole» universitarie pavesi dell'a.a. 1991-92 è stata dunque richiesta la compilazione di un questionario. Durante la fase di predisposizione dello schema di ricerca si è ritenuto opportuno articolare le domande in quattro sezioni distinte:

1) Dati generali
2) Preparazione linguistica pre–universitaria
3) Le lingue straniere all'Università
4) I corsi di lingua straniera all'Università

1) Dati generali

In questa prima sezione si sono raccolte informazioni concernenti la carriera scolastica dell'intervistato (diploma conseguito, votazione, anno di diploma), informazioni anagrafiche (sesso, età) e la facoltà e corso di laurea scelti all'atto dell'immatricolazione.

Ognuna di queste caratteristiche rilevate è servita alla costruzione di «gruppi di confronto». Alcuni esempi:

- Sesso - Distinzione delle preferenze tra maschi e femmine per quanto riguarda le ragioni di studio della lingua; verifica delle differenze tra i due sessi nello strutturare le modalità di svolgimento dei corsi universitari;
- Diploma - Osservazione della distribuzione dei vari diplomi in riferimento alla facoltà scelta; verifica della differente sensibilità su ulteriori tematiche in relazione al titolo di studio posseduto;
- Votazione - I più e i meno preparati: osservazioni sulla scelta di facoltà (in relazione al diploma posseduto) e sulle aspettative linguistiche; le motivazioni di studio.

2) Preparazione linguistica pre-universitaria

Nella seconda sezione si è voluto accertare il grado di preparazione linguistica degli studenti utilizzando uno strumento a) oggettivo e uno b) soggettivo.

a) Rilevazione degli anni di studio della lingua (o delle lingue) straniera nella scuola elementare, media e superiore. Lo studente poteva indicare (accanto alle quattro lingue «istituzionali» - francese, inglese, tedesco, spagnolo -) una quinta lingua (da inserire nella modalità «Altre»). Inoltre si è richiesto di indicare la eventuale frequenza di attività di studio extra-scolastiche in Italia specificando le ore settimanali di lezione e la durata dei corsi in mesi. Un altro importante fattore di valutazione sono stati i periodi di permanenza all'estero (inclusi i soggiorni di studio). L'intervistato poteva indicare fino a quattro Paesi esteri in cui aveva soggiornato; di ogni viaggio si doveva indicare il tipo di soggiorno (se di studio o meno) la lingua straniera parlata durante la permanenza e la durata del soggiorno in settimane.
b) In questa fase si invitava lo studente ad una autovalutazione del

grado di difficoltà incontrato nello studio di ciascuna delle lingue straniere affrontate prima di iscriversi all'Università. Anche in questa domanda venivano poste all'attenzione dello studente le quattro lingue fondamentali (v. sopra) e la possibilità di indicare una eventuale quinta lingua.

In particolare, l'intervistato doveva esprimere un giudizio sulla pronuncia, sulla grammatica e sul vocabolario di ciascuna lingua studiata. Il giudizio doveva essere espresso con l'apposizione di una crocetta sopra una apposita scala graduata i cui due estremi indicavano, rispettivamente, nessuna difficoltà incontrata oppure massima difficoltà.

Nella domanda successiva diventavano oggetto di attenzione le quattro capacità di uso della lingua (o delle lingue) straniera studiata prima di iscriversi all'Università (Parlare, Capire, Scrivere, Leggere). Si richiedeva la compilazione di una graduatoria d'ordine delle capacità indicate a partire da quella il cui uso suscitava minori preoccupazioni fino a quella che invece era discrezionalmente giudicata dal soggetto come più ostica.

3) Le lingue straniere all'Università

Se finora si è puntata l'attenzione sulla situazione precedente l'iscrizione universitaria, in questa fase si apre la ricerca sulle aspettative e sulle motivazioni allo studio delle lingue straniere delle giovani matricole.

In primo luogo si propone all'intervistato un elenco di dieci lingue straniere (arabo, cinese, francese, giapponese, inglese, portoghese, russo, spagnolo, tedesco, ungherese), su ognuna delle quali si richiede l'espressione di un giudizio sul grado di importanza.

La risposta viene indicata contrassegnando con una crocetta una scala graduata (composta da 11 caselle) i cui estremi corrispondono, rispettivamente, alla assoluta irrilevanza e alla estrema importanza della conoscenza della lingua indicata. In secondo luogo, si invita lo studente ad operare una selezione tra le dieci lingue proposte e di indicarne da un minimo di una ad un massimo di quattro che, a suo giudizio, sarebbe opportuno studiare o approfondire nel corso degli studi universitari. In una apposita avvertenza si ricorda che, nel caso non si sia interessati allo studio di alcuna lingua, non è tassativo indicarne una e si può lasciare in bianco la risposta.

A questo punto si sono suggerite agli studenti quattro ragioni per affrontare lo studio di una lingua straniera: motivi di studio, motivi professionali, motivi culturali, motivi personali. Per ciascuna delle lingue indicate nella selezione di cui sopra, si richiedevano, in percentuale, le ragioni per cui si voleva iniziarne (se nuova) o continuarne (se già affrontata nelle superiori) lo studio.

Tutta questa parte di rilevazione si è dimostrata di grande interesse se osservata in relazione alle facoltà universitarie scelte.

Infine, di ogni lingua scelta, si chiede di stilare una classifica delle abilità d'uso (Parlare, Capire, Scrivere, Leggere) a partire da quella maggiormente desiderata fino a quella di minore importanza.

4) I corsi di lingua straniera all'Università

Nell'ultima parte si raccolgono le opinioni degli studenti in relazione a problemi organizzativi e di struttura dei corsi universitari.

L'interesse alle lingue straniere dello studente viene qui rilevato attraverso il sacrificio di tempo e di studio che gli intervistati sono disposti a sostenere durante il periodo di studi universitari (scelta tra esame obbligatorio di lingua o esercitazioni facoltative senza controlli; ore settimanali e anni complessivi da dedicare allo studio di una nuova o vecchia lingua straniera).

Congruenza tra il gruppo dei rispondenti e la popolazione dei neo iscritti all'Ateneo pavese per l'anno accademico 1991-92

di *Mauro Angelo Giovanni Beretta**

In questo intervento verranno mostrate le qualità statistiche dei dati raccolti, in particolare il loro livello di rappresentatività e significatività rispetto alla popolazione da cui sono stati raccolti.

La rilevazione dei dati è stata effettuata secondo la tecnica della «*survey* a tappeto»: nel nostro caso infatti il questionario è stato proposto a tutte le matricole 1991-92 dell'Ateneo pavese senza però nessun vincolo né coercizione per la compilazione dello stesso.

La percentuale degli studenti che hanno aderito all'iniziativa è stata del 59%, percentuale più che sufficiente per fornirci una matrice di dati adeguata (almeno dal punto di vista della grandezza) al fine di ottenere delle inferenze corrette sull'intera popolazione studentesca.

Il campione così creato, però, non essendo stato ottenuto con procedure casuali, ma essendo frutto della libera adesione degli studenti, non dava alcuna garanzia sulla capacità di rappresentare adeguatamente l'universo, anche rispetto ai sottogruppi (sesso, scuola superiore di provenienza, facoltà di iscrizione, ecc.) dell'intera popolazione. Ci si è preoccupati quindi di controllare che il campione fosse sufficientemente rappresentativo anche rispetto alle variabili indipendenti «sesso», «scuola superiore di provenienza», «facoltà scelta», tutte variabili per cui avevamo a disposizione i dati per tutta la popolazione.

La prima variabile esaminata è stata la variabile «Sesso», i cui dati sono elencati nella Tabella 1. Si può notare che nel campione le femmine sono presenti con una percentuale leggermente maggiore che nella popolazione (maggiore diligenza?) ma in generale la composizione rispetta quella della popolazione.

* Pavia.

Lo studio approfondito del campione è stato effettuato attraverso le altre due variabili indipendenti (scuola e facoltà) sia per la loro importanza nell'identificare la popolazione, sia perché potevamo raffrontare direttamente i dati campionari con quelli della popolazione (fonte Istat).

Tab. 1 - Percentuali di maschi e femmine nel campione e nella popolazione

	Campione	Popolazione
Femmine	47,8%	44%
Maschi	52,2%	56%

Infatti un primo confronto è stato effettuato osservando le Tabelle 2 e 3 (la prima per il campione, la seconda per la popolazione) contenenti gli incroci tra le due variabili (non sono state considerate tutte le facoltà e scuole ma solo quelle per cui sono presenti un numero sufficiente di casi da permettere una valida elaborazione statistica).

Innanzitutto si è verificata l'ipotesi di dipendenza tra le due variabili, ipotesi testata con un test chi–quadro.

Per tutte e due le tabelle è stata accettata l'ipotesi di dipendenza tra le variabili; in altri termini si è dimostrato che sia nel campione che nella popolazione la scelta della facoltà è influenzata dalla scuola superiore di provenienza.

Un ulteriore livello di approfondimento lo si è ottenuto comparando popolazione e campione rispetto alle due singole variabili «tipo di scuola» e «facoltà».

Nella Tabella 4 sono riportati i dati della variabile «tipo di scuola» sia per il campione che per la popolazione; poiché il test chi–quadro e l'indice di variabilità possono essere influenzati da totali di colonna diversi (popolazione e campione), per il calcolo di questi sono stati utilizzati dei valori campionari proporzionalmente modificati, ipotizzando un campione di 5170 persone.
Nella Tabella 5 sono riportati gli stessi dati in forma percentuale.

Uguale operazione è stata effettuata sulla variabile «Facoltà» nelle Tabelle 6 e 7.

Anche in questo caso sono state considerate le scuole e le facoltà con un numero di casi adeguato all'analisi.

Tab. 2 - Incrocio tra le variabili «scuola di provenienza» e «facoltà di iscrizione» (dati campionari)

Numero % riga % col.	Liceo Scient	Liceo Classico	Liceo Ling.	Liceo Artistico	Ist. Tec. Comm	Ist. Tec. Geom.	Ist. Tec. Indust.	Ist. Magistrale	Ist. Tec Prof.	Tot.
	89	24	5	3	16	3	5	11	6	162
Farmacia	54,9	18,9	3,1	1,9	9,9	1,9	3,1	6,8	3,7	
	8,0	7,0	3,7	15,8	2,5	2,3	1,7	9,3	3,4	5,4
	109	72	21	2	89	14	6	19	39	371
Legge	29,4	19,4	5,7	0,5	24,0	3,8	1,6	5,1	10,5	
	9,8	21,0	15,16	10,5	13,7	10,5	2,1	16,1	22,3	12,5
Inge-	221	25	1	1	25	66	134		11	484
gneria	45,7	5,2	0,2	0,2	5,2	13,6	27,7		2,3	
	19,8	7,3	0,7	5,3	3,8	49,6	46,5		6,3	16,3
	64	83	54	8	27	4	9	36	38	323
Lettere	19,8	25,7	16,7	2,5	8,4	1,2	2,8	11,1	11,8	
	5,7	24,2	40,0	42,1	4,1	3,0	3,1	30,5	21,7	10,8
	119	43	3		5	2	6	3	2	183
Medicina	65,0	23,5	1,6		2,7	1,1	3,3	1,6	1,1	
	10,7	12,5	2,2		0,8	1,5	2,1	2,5	1,1	6,1
Paleo-	17	11	3		4	1	2	7	6	51
graf.	33,3	21,6	5,9		7,8	2,0	3,9	13,7	11,8	
	1,5	3,2	2,2		0,6	0,8	0,7	5,9	3,4	1,7
	179	31	6	2	31	18	42	27	13	349
Scienze	51,3	8,9	1,7	0,6	8,9	5,2	12,0	7,7	3,7	
	16,1	9,0	4,4	10,5	4,8	13,5	14,6	22,9	7,4	11,7
Ec.	255	27	14	1	317	10	57	4	27	712
Comm.	35,8	3,8	2,0	0,1	44,5	1,4	0,8	0,6	3,8	
	22,9	7,9	10,4	5,3	48,7	7,5	19,8	3,4	15,4	23,9
	62	27	28	2	137	15	27	11	33	342
Sc. Pol.	18,1	7,9	8,2	0,6	40,1	4,4	7,9	3,2	9,6	
	5,6	7,9	20,7	10,5	21,0	11,3	9,4	9,3	18,9	11,5
Totale	1115	343	135	19	651	133	288	118	175	2977
	37,5	11,5	4,5	0,6	21,9	4,5	9,7	4,0	5,9	

Tab. 3 - Incrocio tra le variabili «scuola di provenienza» e «facoltà di iscrizione» (dati sulla popolazione)

numero % riga % col.	Liceo Scient.	Liceo Clas- sico	Liceo Arti- stico	Ist. Tec. Comm	Ist. Tec. Geom.	Ist. Tec. Industr	Ist. Magi- strale	Ist. Tec Prof.	Tot.
Farmacia	70 50,36 3,50	21 15,11 3,27	3 2,16 12,50	6 4,32 0,53	6 4,32 2,14	11 7,91 2,18	10 7,19 4,50	12 8,63 3,23	139 2,69
Legge	235 32,46 11,75	152 20,99 23,68	3 0,41 12,50	170 23,48 15,03	44 6,08 15,71	30 4,14 5,95	43 5,94 19,37	47 6,49 12,63	724 13,99
Inge- gneria	319 45,70 15,95	37 5,30 5,76		19 2,72 1,68	99 14,18 35,36	198 28,37 39,29	1 0,14 0,45	25 3,58 6,72	698 13,49
Lettere	121 25,74 6,05	148 31,49 23,05	10 2,13 41,67	41 8,72 3,63	14 2,98 5,00	21 4,47 4,17	72 15,32 32,43	43 9,15 11,56	470 9,08
Medicina	240 61,54 12,00	103 26,41 16,04		6 1,54 0,53	1 0,26 0,36	9 2,31 1,79	7 1,79 3,15	24 6,15 6,45	390 7,54
Paleo- grafia	3 0,48 0,15	2 0,32 0,31	1 0,16 4,17		1 0,16 0,36	2 0,32 0,40	1 0,16 0,45	2 0,32 0,54	12 0,23
Scienze	320 51,20 16,00	57 9,12 8,88	6 0,96 25,00	34 5,44 3,01	34 5,44 12,14	85 13,60 16,87	48 7,68 21,62	41 6,56 11,02	625 12,08
Ec. Com.	571 37,22 28,55	79 5,15 12,31		631 41,13 55,79	32 2,09 11,43	94 6,13 18,65	8 0,52 3,60	119 7,76 31,99	1534 29,64
Sc. Pol.	121 20,75 6,05	43 7,38 6,70	1 0,17 0,17	224 38,42 19,81	49 8,40 17,50	54 9,26 10,71	32 5,49 14,41	59 10,12 15,86	583 11,27
Totale	2000 38,65	642 12,41	24 0,46	1131 21,86	280 5,41	504 9,74	222 4,29	372 7,19	5175

Tab. 4 - Distribuzione degli studenti nel campione e nella popolazione per scuole di provenienza - (valori assoluti)

Tipo di scuola	Campione	Campione rapportato alla popolazione	Popolazione	Totale
Professionale	180	317	372	689
Istituto Tecnico Industriale	301	530	504	1034
Istituto Tecnico Commerciale	662	1167	1131	2298
Geometra	136	239	280	519
Magistrali	124	218	222	440
Liceo Scientifico	1158	2041	2000	4041
Liceo Classico	355	625	642	1267
Liceo Artistico	19	33	24	57
Totale	2935	5170	5175	10345
		V = 0,95	V = 0,92	
		Chi-Quadro = 10,94		

Tab. 5 - Distribuzione degli studenti nel campione e nella popolazione per scuole di provenienza (valori percentuali)

Tipo di scuola	Popolazione	Campione	Differenza
Professionale	7,19 %	6,13 %	-1,06 %
Istituto Tecnico Industriale	9,74 %	10,26 %	0,52 %
Istituto Tecnico Commerciale	21,86 %	22,56 %	0,70 %
Geometra	5,41 %	4,63 %	-0,78 %
Magistrali	4,29 %	4,22 %	-0,06 %
Liceo Scientifico	38,65 %	39,45 %	0,81 %
Liceo Classico	12,41 %	12,10 %	-0,31 %
Liceo Artistico	0,46 %	0,65 %	0,18 %

Tab. 6 - Distribuzione degli studenti per facoltà di appartenenza (valori assoluti)

Facoltà	Campione	Campione rapportato alla popolazione	Popolazione	Totale
Giurisprudenza	350	651	724	1375
Economia e Commercio	698	1297	1534	2831
Scienze Politiche	314	584	583	1167
Medicina	180	335	390	725
Lettere	269	500	470	970
Ingegneria	483	898	698	1596
Farmacia	157	292	169	461
Scienze	343	638	625	1263
Totale	2794	5195	5193	10388
		V = 0,46	V = 0,57	
		Chi-Quadro = 86,83		

Tab. 7 - distribuzione degli studenti per facoltà di appartenenza (valori percentuali)

Facoltà	Popolazione	Campione	Differenza
Giurisprudenza	13,94 %	12,53 %	-1,42 %
Economia e Commercio	29,54 %	24,98 %	-4,56 %
Scienze Politiche	11,23 %	11,24 %	0,01 %
Medicina	7,51 %	6,44 %	-1,07 %
Lettere	9,05 %	9,63 %	0,58 %
Ingegneria	13,44 %	17,29 %	3,85 %
Farmacia	3,25 %	5,62 %	2,36 %
Scienze	12,04 %	12,28 %	0,24 %

Le statistiche utilizzate sono state il Chi-Quadro calcolato sulla matrice formata dalle due colonne popolazione e campione a popolazione, che in relazione ai gradi di libertà della matrice ci permette di accettare o rifiutare l'ipotesi sull'esistenza di una associazione tra popolazione e campione. Per confermare l'ipotesi si è utilizzato l'indice di variabilità V, che è il rapporto tra scarto quadratico medio e media della variabile; è stata utilizzata questa misura di variabilità perché, a differenza dello scarto quadratico medio, non è influenzata dal numero di casi e dalla media della variabile in generale.

La prima tabella si riferisce alle scuole di provenienza; il chi-quadro ottenuto secondo le modalità prima espresse ha ottenuto un valore di 10,94, che ad un livello di significatività di 0,1 ci permette di accettare l'ipotesi. Per quanto riguarda gli indici di variabilità questi sono molto simili, 0,92 e 0,95; infatti le differenze tra le percentuali sono nella quasi totalità delle scuole nettamente inferiori al punto percentuale.

Nella seconda tabella invece si raffrontano la popolazione e il campione rispetto alla variabile facoltà di appartenenza. In questo caso il chi-quadro ha ottenuto un valore notevolmente alto, che ci permette a maggior ragione di accettare l'ipotesi di adeguatezza campionaria. L'indice di variabilità mostra invece una diminuizione nel campione. Ciò vuol dire che vi è stata percentualmente una minore adesione all'iniziativa da parte degli studenti appartenenti a facoltà con un alto numero di iscritti e invece una maggior partecipazione all'iniziativa di studenti appartenenti a facoltà meno rappresentate.

Questo fenomeno è facilmente spiegabile se si tiene conto che le motivazioni che hanno indotto gli studenti a compilare il questionario si basano sulle esigenze di trovare un servizio che normalmente non c'è o che si attende. Ad esempio Economia e Commercio, che è sottorappresentata nel campione, ha l'inserimento delle lingue come triennali curriculari, quindi regolarmente inserite nell'ordinamento didattico; quindi si ha una minore richiesta di ulteriori lingue in quanto gli studenti sanno già di trovarle in modo completo.

Ritornando all'esame del campione si può dire anche che, seppur considerando la facoltà meno rappresentata, Economia e Commercio, quest'ultima ha ottenuto un campione del 45,5% della popolazione, ed essendo stata l'analisi statistica effettuata per facoltà di appartenenza, ogni risultato ottenuto può essere considerato valido.

Un ulteriore livello di approfondimento è stato ottenuto costruendo uguali tabelle e relative statistiche per ogni sottogruppo relativo alla scuola superiore di provenienza.

Nella Tabella 8 sono state raccolte le statistiche ottenute.

Tab. 8 - Statistiche del Chi-Quadro ed indice di variazione per la popolazione e il campione per ogni tipo di scuola di provenienza

Tipo di scuola	Chi-Quadro	V Popolazione	V Campione
Magistrali	8,10	0,5	0,85
Istituto Tecnico Industriale	14,47	0,94	1,15
Istituto Tecnico Commerciale	16,88	1,41	1,26
Geometra	17,49	0,83	1,19
Liceo Classico	20.44	0,58	0,52
Scuole Professionali	61,94	0,66	0,65
Liceo Scientifico	61,95	0,59	0,49
Liceo Artistico	- -	1,15	1,25
Totale	86,83	0,57	0,46

L'aspetto interessante di questa sottoanalisi è che, come nel caso aggregato, globalmente l'indice di variabilità diminuisce nel campione tranne però in due casi: il caso dell'Istituto Tecnico Commerciale (Tabelle 9 e 10) e quello dell'Istituto per Geometri (Tabelle 11 e 12).

Questa inversione di tendenza dell'indice di variabilità è chiaramente spiegabile e, fatte le dovute considerazioni, conferma le tesi precedentemente esposte. Infatti considerando gli studenti provenienti da questi due istituti di carattere tecnico, si nota che esiste una fortissima concentrazione delle iscrizioni ad una particolare facoltà, ingegneria, concentrazione che non si riscontra in nessun altro caso. Quindi se nell'ambito aggregato le facoltà più frequentate non coincidevano con le facoltà con più problemi dal punto di vista dello studio delle lingue, in questo caso coincidono, determinando così l'aumento dell'indice di variabilità.

Tab. 9 - Distribuzione per facoltà di appartenenza di studenti provenienti da un Istituto Tecnico Commerciale (valori assoluti)

Facoltà	Campione	Campione rapportato alla popolazione	Popolazione	Totale
Giurisprudenza	6	11	30	41
Economia e Commercio	57	100	94	194
Scienze Politiche	27	47	54	101
Medicina	6	11	9	20
Lettere	9	16	21	37
Ingegneria	134	235	198	433
Farmacia	5	9	11	20
Scienze	42	74	85	159
Totale	286	503	502	1005
		V = 1,15	V = 0,94	
		Chi-Quadro = 14,47		

Tab. 10 - Distribuzione per facoltà di appartenenza di studenti provenienti da un istituto tecnico commerciale (valori percentuali)

Facoltà	Popolazione	Campione	Differenza
Giurisprudenza	5,98 %	2,10 %	-3,88 %
Economia e Commercio	18,73 %	19,93 %	1,20 %
Scienze Politiche	10,76 %	9,44 %	-1,32 %
Medicina	1,79 %	2,10 %	0,31 %
Lettere	4,18 %	3,15 %	-1,04 %
Ingegneria	39,44 %	46,85 %	7,41 %
Farmacia	2,19 %	1,75 %	-0,44 %
Scienze	16,93 %	14,69 %	-2,25 %

Tab. 11 - Distribuzione per facoltà di appartenenza di studenti provenienti da un Istituto per Geometri (valori assoluti)

Facoltà	Campione	Campione rapportato alla popolazione	Popolazione	Totale
Giurisprudenza	14	30	44	74
Economia e Commercio	10	21	32	53
Scienze Politiche	15	32	49	81
Medicina	1	2	1	3
Lettere	4	9	14	23
Ingegneria	66	141	99	240
Farmacia	3	6	6	12
Scienze	18	38	34	72
Totale	131	279	279	558
		V = 1,19	V = 0,83	
		Chi-Quadro = 17,49		

Tab. 12 - Distribuzione per facoltà di appartenenza di studenti provenienti da un Istituto per Geometri (valori percentuali)

Facoltà	Popolazione	Campione	Differenza
Giurisprudenza	15,77 %	10,69 %	-5,08 %
Economia e Commercio	11,47 %	7,63 %	-3,84 %
Scienze Politiche	17,56 %	11,45 %	-6,11 %
Medicina	0,36 %	0,76 %	0,40 %
Lettere	5,02 %	3,05 %	-1,96 %
Ingegneria	35,48 %	50,38 %	14,90 %
Farmacia	2,15 %	2,29 %	0,14 %
Scienze	12,19 %	13,74 %	1,55 %

La scelta della lingua straniera all'Università: dati di un questionario

di *Maria Pavesi**

In questo intervento prevalentemente a carattere informativo, si farà una panoramica dei risultati del questionario sulla formazione linguistica e sulle aspettative per lo studio delle lingue distribuito alle matricole iscritte all'Università di Pavia nell'a.a. 1991-92, valutando con maggior attenzione alcuni aspetti legati alla scelta della lingua straniera.

Nella presentazione dei dati verranno quindi «percorse» le tre parti principali del questionario: il tipo e la quantità di contatto con le lingue prima dell'ingresso all'Università, le preferenze e le ragioni per la scelta delle lingue, la disponibilità ad investire tempo e impegno nell'apprendimento di una o più lingue straniere (Caldirola, in questo volume).

Il quadro che si prospetta dalle dichiarazioni dei rispondenti nella prima parte rivela un'esperienza linguistica pre-universitaria non trascurabile[1], articolata in studio scolastico anche di più lingue, corsi extra-scolastici e soggiorni all'estero. Il 14% dei rispondenti, per esempio, ha frequentato corsi extra-scolastici di inglese in Italia, il 57% ha effettuato almeno un soggiorno all'estero.

Dai dati della seconda e terza parte del questionario, forte risulta anche la disponibilità e l'interesse verso lo studio delle lingue all'Università. La quasi totalità dei rispondenti, 3079, il 95%, dichiara di essere interessato allo studio di almeno una lingua straniera, 2739, l'85%, a più di una. Più dell' 80% dichiara inoltre di essere disposto a

* Pavia.

1. Anche se alcuni esperti di glottodidattica hanno sollevato qualche dubbio sull'inadeguatezza dei risultati ottenuti alla fine della Scuola superiore in termini di livello di competenza raggiunto (Cecioni, in questo volume).

studiare la lingua straniera per più di un anno. È doveroso far notare a questo punto che una corretta valutazione dei risultati del questionario relativi all'interesse e all'impegno futuro deve tener conto della volontarietà della compilazione. I rispondenti potrebbero infatti essere i più motivati allo studio delle lingue straniere, o i più diligenti. Tuttavia, dato l'alto numero dei rispondenti, 3255 pari al 59% dell'intera popolazione, benché la loro disponibilità non debba essere ritenuta rappresentativa di tutte le matricole pavesi, le loro risposte devono essere prese in seria considerazione nel caso di una pianificazione di interventi didattici.

1. Preparazione linguistica pre-universitaria

Vorrei ora concentrarmi brevemente sulla specifica esperienza linguistica dei rispondenti prima dell'ingresso all'Università. I dati serviranno anche per contestualizzare le preferenze espresse relativamente a quali lingue studiare all'Università e per quali ragioni. Come da attendersi la lingua straniera più diffusa è l'inglese. 2743 rispondenti su 3255 per una percentuale dell' 84% dichiarano di averla studiata nel corso degli studi[2], con l'inclusione anche delle elementari per più del 15% dei rispondenti. Segue il francese con una percentuale relativamente alta, il 53%. Nettamente inferiore è invece la percentuale di rispondenti che affermano di aver studiato il tedesco, il 10%, e minima per quelli che hanno studiato lo spagnolo, il 2%. Il numero di anni di studio dichiarati per ciascuna lingua riflette la stessa gerarchia. L'inglese è stato studiato in media per 6,7 anni, il francese per 5,2, il tedesco e lo spagnolo per 4,2. Si noti inoltre che lo studio del francese è concentrato alle scuole medie, quello del tedesco alle superiori, e su medie e superiori quello dell'inglese. A titolo esemplificativo faccio notare che solo 48 rispondenti sui 2743 che hanno studiato inglese non l'ha continuato alla scuola superiore dopo averlo studiato alla scuola media.

Dati interessanti emergono anche dalle risposte alla domanda sui soggiorni all'estero. In primo luogo osserviamo che i soggiorni per studio rappresentano il 33%, un terzo del totale di permanenze all'estero, indipendentemente dalla durata del soggiorno, su un alto

2. Se la percentuale degli studenti che hanno già studiato l'inglese è molto alta, ciò non toglie che il 16% potenziale della popolazione universitaria da "alfabetizzare" sia comunque un onere non trascurabile, che richiede interventi mirati.

numero globale di viaggi al di là dei confini nazionali: più di 4000. La lingua di gran lunga più studiata all'estero è l'inglese con un totale di 470 dei rispondenti, l'80% di chi si è recato nel viaggio più recente in Gran Bretagna e Stati Uniti. Seguono il francese con 142 rispondenti, meno di un terzo di chi è stato in Francia, Belgio e Svizzera; il tedesco con 46, un quinto di chi ha visitato o soggiornato in Austria e Germania. Solo 5 su 142 sono andati in Spagna per ragioni di studio.

L'inglese non è solo la lingua che è stata più studiata all'estero, è anche quella che è stata più parlata dal nostro campione di matricole. Su 1856 dei rispondenti che hanno fatto almeno un soggiorno all'estero, 1161, il 68%, ha parlato inglese, 439, il 24%, francese, 73, il 6%, tedesco e 46, il 4%, spagnolo. L'inglese è stato usato come lingua veicolare in molti paesi europei ed extra-europei. Dei 1161 rispondenti che hanno parlato inglese all'estero, il 57% l'ha parlato in paesi anglofoni e ben il 43% in paesi in cui l'inglese non è lingua materna, tra questi la Svezia, l'ex-Jugoslavia, e, in modo più significativo, la Germania, la Francia e la Spagna. In quest'ultimo Paese, per esempio, la proporzione di chi ha parlato inglese, preferendo una lingua veicolare comune, è più che doppia rispetto a chi ha parlato l'italiano, affidandosi alla comunicazione garantita dalla prossimità linguistica con lo spagnolo. Delle altre principali lingue, solo il francese è stato utilizzato, ed in misura minima, dal 6% di chi l'ha parlato, al di fuori di paesi in cui è lingua materna. Questi dati, evidenziando il ruolo di lingua di comunicazione che spontaneamente viene attribuito all'inglese fin dalla scuola superiore, confermano una differenziazione tra lingue straniere che di fatto già esiste all'ingresso all'Università[3].

2. Le lingue straniere all'Università

La seconda parte del questionario sulle lingue straniere nel *curriculum* universitario era centrata sull'importanza attribuita a singole lingue, le preferenze e le ragioni per il loro studio. Il quesito su quale o quali lingue studiare all'Università era di fatto articolato in due momenti. Con il primo si chiedeva di esprimere un giudizio sull'importanza di dieci lingue date, che sono le lingue insegnate all'Università di Pavia, per un laureato del corso di laurea del rispondente. Nel secondo, invece, si chiedeva di scegliere tra le lingue

3. Anche a questo riguardo rimandiamo al contributo di Cecioni, in questo volume.

già valutate una o più che il rispondente era interessato a studiare nel corso degli studi universitari. Il motivo alla base della duplice domanda era di non confondere i giudizi sulla rilevanza per il laureato con altri che presumibilmente concorrono nel determinare la scelta di quale lingua si vorrebbe effettivamente studiare all'Università. Una lingua si potrebbere scegliere perché ritenuta simile all'italiano o perché già studiata precedentemente e non semplicemente perché utile sotto il profilo professionale. È probabile, infatti, che nella scelta finale entrino fattori esterni come fattibilità di studio per l'offerta di corsi compatibili con il *curriculum* e l'esistenza di strutture quali laboratori o centri linguistici, o fattori individuali come la percepita facilità della lingua e il livello di competenza che si vuole raggiungere.

La necessità di investire più tempo e fatica nello studio di una nuova lingua potrebbe scoraggiare molti e far preferire lingue per le quali sia garantita una buona riuscita senza un particolare sforzo. Gli studenti potrebbero d'altro canto indirizzarsi allo studio di date lingue perché ritenute più utili. Dato che il giudizio sull'importanza di ciascuna lingua per il laureato si sovrappone largamente a giudizi di utilità, sarà allora interessante verificare se le lingue ritenute più importanti sono anche quelle che i rispondenti vorrebbero studiare all'Università. Una forte correlazione si potrebbe avere in corrispondenza a ragioni strumentali, strettamente legate alla professione, invece di culturali o personali. Vedremo in seguito come si articola il rapporto tra ragioni strumentali, valutazioni di rilevanza per ciascuna lingua e scelta di studio.

2.1. La rilevanza delle lingue straniere per il laureando

Iniziamo dall'importanza attribuita alle 10 lingue proposte. Conteggiando le risposte dell'intero campione, la lingua che ha ricevuto il punteggio medio più alto sulla scala di rilevanza è, come da attendersi, l'inglese, con un punteggio medio di 8,6 su un possibile totale di 10. Seguono, con un certo scarto ma vicine tra loro, il tedesco e il francese. Va osservato che, anche se per poco (6,9 contro 6,5), il tedesco è giudicato più importante del francese. Il dato è da tenersi presente quando si andrà a verificare quanti hanno indicato l'una o l'altra lingua come seconda preferenza per le lingue che si desiderano studiare all'Università. Dopo queste prime tre lingue, si hanno in ordine decrescente di rilevanza per il laureato, a prescindere dalla facoltà, lo spagnolo, il russo, il giapponese, il portoghese, l'arabo, il cinese e l'ungherese (cfr. Appendice, Fig. 1).

Raggruppando le risposte in blocchi, l'inglese risulta molto importante, il tedesco e il francese importanti, lo spagnolo e il russo, entrambi, abbastanza importanti. Poco importanti sono valutati invece il portoghese, l'arabo, il cinese, l'ungherese. Il giapponese è la lingua di maggior importanza tra quelle del terzo gruppo.

L'analisi delle risposte per facoltà conferma l'ordine generale emerso dal conteggio indifferenziato. Cambia però il grado di interesse per le lingue straniere in generale e per alcune di esse in particolare. Più interessati alle lingue straniere, anche quelle più esotiche, sono le matricole di Scienze Politiche, di Lettere e Filosofia e di Economia e Commercio (cfr. Appendice, Fig. 2). L'arabo e lo spagnolo sono ritenuti più importanti dai rispondenti di Scienze Politiche, l'ungherese e il russo da quelli di Lettere, il giapponese ed il tedesco da quelli di Economia e Commercio. Relativamente basso è l'interesse delle matricole di Farmacia, Medicina e Scienze. Leggermente più alto quello degli iscritti a Giurisprudenza ed Ingegneria. L'inglese, ritenuto dalle matricole di tutte le facoltà molto importante, riceve il punteggio medio più basso dagli iscritti a Paleografia musicale, seguiti da quelli di Lettere (8,2), quello più alto da quelli di Economia e Commercio (8,8). Il tedesco si avvicina maggiormente, per importanza, all'inglese nella facoltà di Paleografia e poi di Lettere, si allontana di più in quelle di Farmacia e Medicina, si colloca su valori più alti della media in quelle di Scienze Politiche e Economia e Commercio. Il francese ben si colloca, anche se con valori inferiori al tedesco, a Scienze Politiche, Economia e Lettere, ma suscita minor interesse negli iscritti di Scienze, Ingegneria e Medicina (cfr. Appendice, Tab. 3).

2.2. *La scelta delle lingue straniere*

Vediamo ora quali lingue i rispondenti vorrebbero effettivamente studiare all'Università. Le tre lingue ritenute più importanti sono anche quelle più richieste: 2584, l'83,9% di chi ha espresso una preferenza, risponde che desidera studiare soprattutto l'inglese, 207, il 6,7%, il francese e 155, il 5%, il tedesco (cfr. Appendice, Fig. 4). La lingua richiesta come prima dalla quasi totalità del campione è quindi l'inglese, seguita a molta distanza dalle altre due che pur erano state mediamente considerate importanti dallo stesso gruppo di rispondenti. (Le percentuali per le rimanenti lingue non superano l'1,6%.) Si delinea quindi un quadro in cui l'importanza che le matricole assegnano alle diverse lingue non si riflette direttamente nelle scelte effettive, avremmo in tal caso dovuto avere molte più richieste di tedesco e francese prima lingua. Se questi dati mettono inevitabilmente in luce il maggior peso attribuito all'inglese, dall'altra segnalano uno spazio di intervento istituzionale per potenziare l'apprendimento di lingue comunque ritenute rilevanti per il profilo professionale del laureato. L'importanza di tali lingue, il francese e il tedesco, e, secondariamente, il russo e lo spagnolo, riemerge invece dalle indicazioni relative alle lingue indicate in aggiunta alla prima scelta (cfr. Appendice, Fig. 5). La coppia tuttora più favorita è quella inglese/francese, seguita da inglese/tedesco. Di tutti i rispondenti che hanno affermato di voler soprattutto studiare l'inglese, 2584, 1139 si dichiarano interessati anche al francese, 751 anche al tedesco, 211 anche allo spagnolo, 125 anche al russo.

Incuriosisce osservare che nonostante il francese ed il tedesco siano stati valutati ugualmente importanti, molti rispondenti hanno dichiarato di essere interessati a studiare più il francese che il tedesco. Il vantaggio del francese sia come prima che come seconda scelta è, a nostro avviso, da cercarsi nella maggior scolarizzazione in questa lingua. Vedremo infatti che le ragioni per intraprendere o continuare lo studio di una lingua straniera avvicinano il tedesco all'inglese molto di più che il francese alla stessa lingua.

Capovolgendo la prospettiva si può comunque affermare che il tedesco è, in proporzione molto più richiesto. Ci sono solo 12% in più dei rispondenti che opterebbero, come seconda lingua, per il francese. Però si ricordi che più della metà del campione ha studiato il francese a scuola, mentre solo un decimo ha studiato tedesco.

2.3. Ragioni espresse per lo studio delle lingue straniere

Passiamo ora ad un'analisi più in dettaglio dei dati relativi alle ragioni espresse[4] per continuare od intraprendere lo studio di una o più

4. Qui, come in precedenza e nella rimanente parte dell'articolo, utilizziamo il termine *ragione* (lo stesso impiegato nel questionario) per indicare i motivi che lo studente dichiara essere alla base del suo desiderio di iniziare o approfondire lo studio di una lingua straniera. In questo, le ragioni, o l'orientamento, come vengono anche chiamate (cfr. tra gli altri, Gardner, 1985, Gardner/MacIntyre 1991), si differenziano dalle motivazioni, che includono anche lo sforzo effettivamente impiegato nell'apprendimento: «motivation (...) refers to the combination of effort plus desire to

lingue straniere all'Università. Iniziamo dalle ragioni relative alla prima lingua scelta, che, come si è visto, è per la stragrande maggioranza dei rispondenti, l'inglese. Al primo posto troviamo le ragioni professionali: i rispondenti attribuiscono in media una fetta molto considerevole, il 44% di un totale ideale, alle ragioni legate all'uso strumentale della lingua una volta conseguita la laurea. Più bassa, il 27%, è la percentuale attribuita in media alle ragioni di studio, relative cioè all'uso prevalentemente strumentale della lingua durante il corso universitario, come per esempio per la lettura di articoli o manuali in lingua straniera. Ritorneremo su questo punto più avanti; per ora basti sottolineare l'*ingenuità* dei nostri rispondenti, il cui giudizio probabilmente riflette l'opinione ormai comune circa l'importanza di conoscere le lingue straniere, e l'inglese in particolar modo, per avere un'adeguata collocazione nel mondo del lavoro[5]. La minor importanza attribuita alle ragioni di studio va probabilmente ricercata nella scarsa conoscenza dei requisiti dei corsi di laurea, in particolare per le materie scientifiche. Quasi un 30% attribuito alle ragioni di studio non è comunque una percentuale trascurabile. Decisamente meno importanza viene attribuita alle ragioni non strumentali, ossia quelle culturali, con una media del 20%, e quelle personali con una media del 17% [6].

achieve the goal of learning the language plus favourable attitudes toward learning the language. That is, motivation to learn a second language is seen as referring to the extent to which the individual works or strives to learn the language because of a desire to do so and the satisfaction experienced in this activity» (Gardner 1985:10).

5. Che ci sia un orientamento *coperto* di carattere personale, ossia il desiderio di impadronirsi di un codice che permetta di comunicare con persone di altre nazionalità e per ragioni non strettamente professionali risulta ovvio dalle risposte al quesito n. 3.4, relativo alle abilità che lo studente vorrebbe più sviluppare nella lingua straniera. Da queste risposte, che per ragioni di spazio non commenteremo in dettaglio, risulta infatti che nella maggioranza gli studenti (almeno il 50%) pongono ai primi due posti le abilità di produzione e comprensione orali, abilità su cui si basa l'interazione faccia a faccia. Sorprendente è la scarsa importanza attribuita al saper leggere, perché rivela mancanza di consapevolezza degli effettivi usi della lingua straniera all'Università. Le risposte al quesito n.4 rappresentano, d'altra parte, l'immagine speculare delle abilità, così, come risultano dall'autovalutazione, già sviluppate nella Scuola media (quesito n.1.5).

6. È importante tuttavia sottolineare che, come ci si poteva attendere, si è notata una certa differenziazione a seconda delle facoltà scelte dalle matricole, benché rimanga immutato l'ordine relativo delle ragioni dichiarate, con un orientamento

Facciamo ora un confronto con il peso assegnato alle stesse ragioni presentate ora per la prima lingua scelta, relativamente però alla seconda ed alla terza lingua che i rispondenti hanno indicato essere interessati a studiare. A questo livello di analisi non differenziamo tra le lingue effettivamente scelte - il francese o il tedesco, per esempio -, ma prendiamo in considerazione le lingue, nel loro insieme, indicate come seconda e terza scelta. Osserviamo in primo luogo che le ragioni professionali rimangono le più forti anche per lingue al cui studio i rispondenti non assegnano priorità. Si nota tuttavia un calo per questa ragione, che dal 44% per la prima lingua passa al 40% per la seconda e al 37% per la terza.

Una simile diminuzione si verifica per il secondo gruppo di ragioni strumentali, quelle legate allo studio universitario (dal 27% si va al 24% e al 22%). Crescono invece decisamente per le lingue non prioritarie le ragioni non strumentali. Questi ultimi dati confermano quanto già emerso dalle percentuali sulla prima lingua: le ragioni dichiarate per voler intraprendere o continuare lo studio di una lingua straniera all'Università sono principalmente di carattere utilitaristico o comunque finalizzate ad acquisire strumenti di lavoro e di studio; gli aspetti di arricchimento personale e culturale non aventi una ricaduta immediata sulla riuscita professionale e nello studio sono secondari e come tali trovano maggior spazio nelle lingue indicate in aggiunta a quella principale.

Vediamo ora di esaminare le ragioni per lingua, indipendentemente dalla posizione assegnata nella gerarchia di interesse. Si ricorderà che quasi l'84% dei rispondenti ha dichiarato di voler studiare all'Università l'inglese come prima scelta. Ci aspetteremmo quindi di trovare per questa lingua, a prescindere dal grado di interesse, una decisa prevalenza delle ragioni strumentali su quelle non strumentali, con valori più differenziati rispetto ad altre lingue scelte principalmente come seconde, in particolare il francese ed il tedesco. In effetti per entrambi francese e tedesco rispetto all'inglese aumenta la proporzione delle

strumentale comunque preponderante sull'orientamento personale culturale (integrativo). Per esempio, le ragioni culturali hanno un peso maggiore per gli iscritti a Paleografia (26%) e Lettere (25%) di quanto ne abbiano per gli iscritti ad Ingegneria (16%) e Medicina (18%). Le ragioni professionali d'altro canto sono molto più forti per gli iscritti ad Economia (49%) ed Ingegneria (49%) rispetto a Lettere (36%) e, sorprendentemente, Medicina (35%). Per quest'ultima facoltà prevalenti sono comunque le ragioni di studio (37%), per le quali è prima rispetto ad altre facoltà, seguita a non molta distanza da Paleografia (36%), Farmacia (33%) e Scienze (32%).

ragioni personali e culturali e diminuiscono quelle professionali e di studio.

Va però notato che lo stacco si verifica più per il francese, lingua che i rispondenti vorrebbero imparare rispetto all'inglese più per ragioni culturali e personali e meno per ragioni professionali e di studio. L'atteggiamento verso lo studio del tedesco si colloca esattamente tra le due: le ragioni professionali sono minori rispetto all'inglese (41% contro 45%), ma maggiori rispetto al francese (37% per quest'ultima lingua); quelle culturali, viceversa maggiori rispetto all'inglese (22% contro 19%) minori rispetto al francese (25% per quest'ultima lingua).

Infine, i dati sullo spagnolo, con una percentuale relativamente bassa per le ragioni professionali ed una relativamente alta per le ragioni personali, confermano marcatamente la tendenza ad avere diverse ragioni a seconda delle lingue che interessa studiare (cfr. Appendice, Fig. 6).

A conferma di quanto sostenuto precedentemente riguardo al tedesco, la distribuzione delle lingue e le diverse ragioni per il loro studio ci fa ipotizzare, tra l'altro, una crescente richiesta nel tempo di questa lingua.

Le ragioni strumentali per il suo studio la favoriscono, infatti, rispetto al francese, la lingua, tra le tre più gettonate, con i valori più alti per le ragioni culturali e più bassi per le ragioni professionali. Si è visto, invece, che le ragioni professionali e di studio sono quelle prevalenti per la scelta di quale lingua studiare all'Università. Il caso dell'inglese è emblematico al riguardo.

Le forti ragioni strumentali per l'inglese mettono seriamente in dubbio l'ipotesi che tale lingua venga scelta semplicemente perché già studiata e quindi più facile. Al contrario, l'altissima richiesta di inglese all'Università, combinata con un maggiore orientamento strumentale tra le lingue esaminate, indica un'esigenza di approfondimento e potenziamento delle proprie capacità, in relazione ad abilità d'uso sia generali che specifiche, inerenti alla futura professione.

La situazione dell'inglese e quella discussa del tedesco contribuiscono a formare un quadro alquanto differenziato in cui lingue diverse chiamano interventi diversi, e dove ci sia un ruolo ben definito per i linguaggi specialistici ma anche per corsi di base per lingue che, trascurate dal *curriculum* scolastico, gli studenti chiedono di poter studiare all'Università[7].

7. Per la necessità di corsi di base anche per l'inglese si veda la nota 2.

3. I corsi di lingue straniere all'Università

Proprio sulle attese degli studenti vorrei fare qualche riflessione conclusiva partendo da alcune risposte all'ultima parte del questionario. Incertezza sembra suscitare il quesito su dove dovrebbero essere tenuti i corsi, se all'interno di ogni facoltà o in un centro specializzato. Metà dei rispondenti si dichiara a favore di uno, metà dell'altro, rivelando sostanzialmente una mancanza di chiarezza sulla natura dell'alternativa. Per quanto riguarda altri aspetti organizzativi dei corsi i rispondenti mostrano di avere aspettative più chiare, a favore di un insegnamento linguistico strutturato come quello scolastico, con attività guidate da personale docente, distribuite su tutto l'arco dell'anno e che richiedano un impegno costante anche se non intensivo. Più della metà dei rispondenti (il 59,9%), infatti, dichiara di preferire corsi distribuiti su tutto l'anno accademico, a questi seguono i corsi semestrali con solo il 14% delle preferenze. Largamente sfavoriti risultano i corsi intensivi con meno del 5% delle adesioni, leggermente superiore, ma sempre al di sotto del 10% è la disponibilità all'apprendimento autogestito.

Questi dati, congiuntamente alle aspettative della maggior parte (quasi il 70%) che la lingua straniera sia un esame all'interno del proprio corso, vanno interpretati non solo come indicativi di un atteggiamento *ingenuo* di matricole che non conoscono dall'interno l'Università[8], ma anche come richiesta che venga garantita la centralità e la pertinenza dello studio linguistico al proprio *curriculum*.

Riferimenti bibliografici

Gardner, R.C. 1985. *Social Psychology and Second Language Learning*. London: Edward Arnold.

Gardner, R.C./MacIntyre, P.D. 1991. *An instrumental motivation in language study: who says it isn't effective?* «Studies in Second Language Acquisition», 13: 57-72.

Mansfield, G. 1992. *Setting up a language centre: principles, problems and priorities*. In Prat Zagrebelsky, M.T. (a cura di). *The study of English language in Italian Universities*. Alessandria; Edizioni dell'Orso: 205-214.

8. I dati del questionario, se da una parte mostrano un deciso interesse all'apprendimento linguistico (forse tuttavia non sempre sostenuto dall'impegno attivo), rivelano in realtà l'urgenza di fornire un orientamento sulle diverse modalità di studio di una o più lingue straniere all'Università (cfr., per es., Mansfield 1992).

Appendice

Fig. 1 - Rilevanza per il laureato. Le facoltà

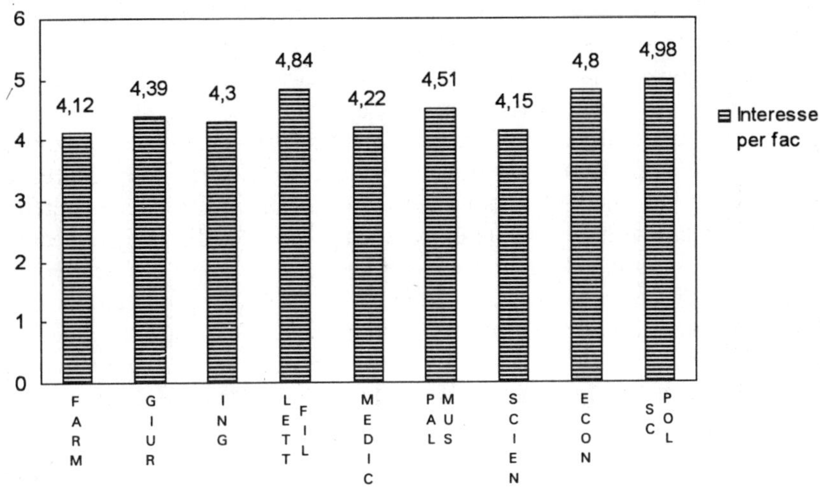

Fig. 2 - Rilevanza per il laureato. Le varie lingue

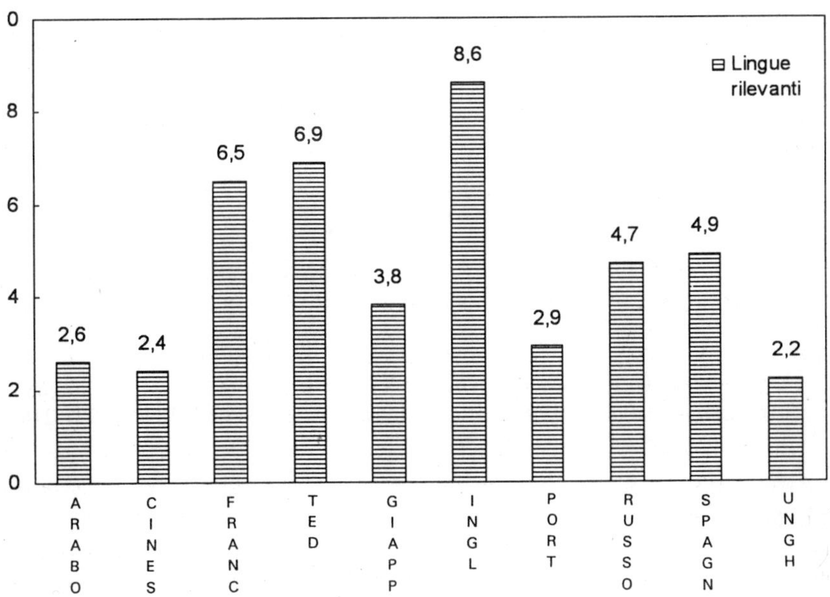

Fig. 3 - Importanza per facoltà. Inglese tedesco francese

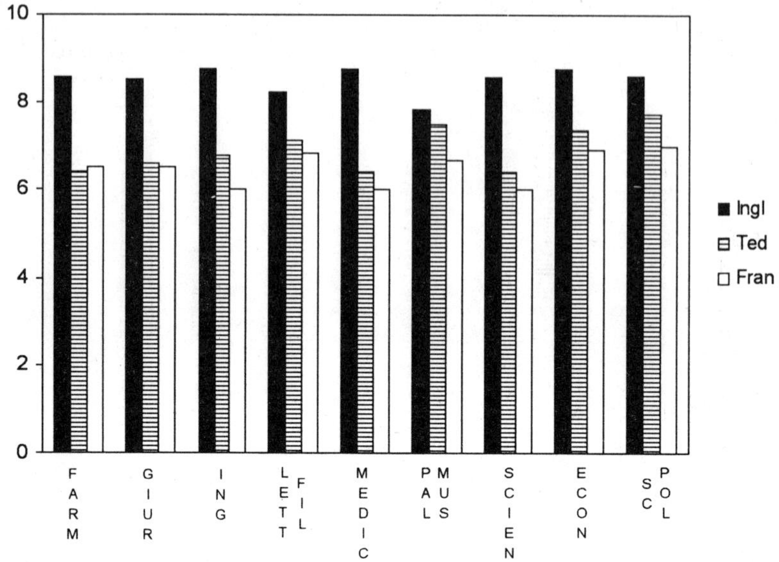

Fig. 4 - Scelta della I lingua. Tutti gli studenti

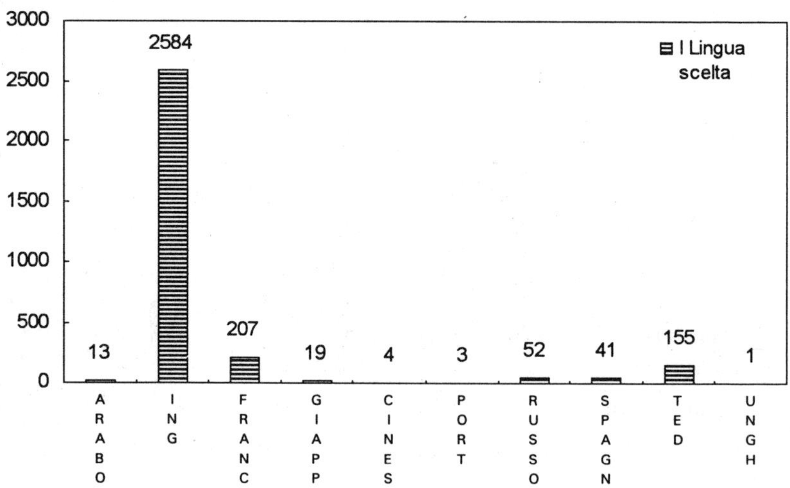

Fig. 5 - Scelta della II lingua. Tutti gli studenti

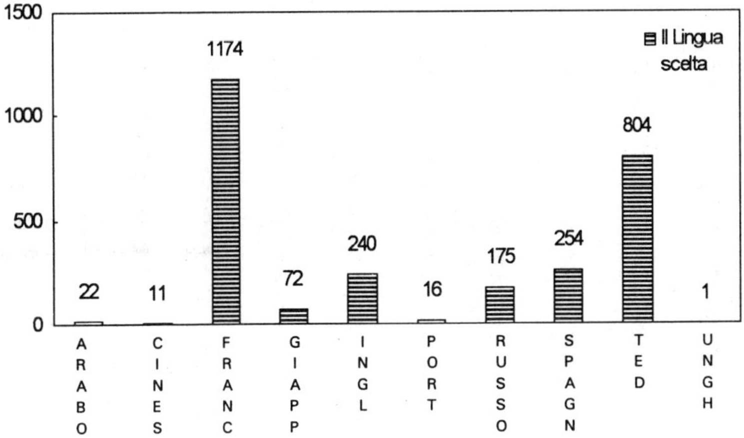

Fig. 6 - Desidero conoscere per ragioni...

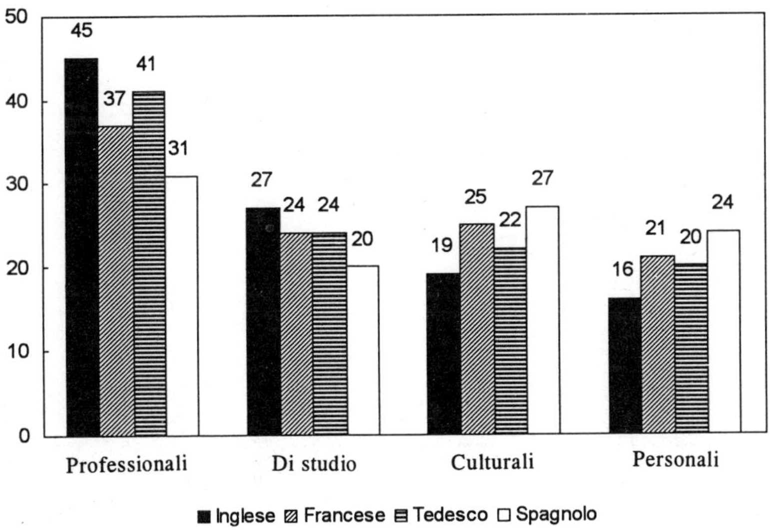

CENTRO INTERFACOLTÀ DI RICERCA SULLA DIDATTICA DELLE LINGUE STRANIERE MODERNE

LE LINGUE STRANIERE ALL'UNIVERSITÀ

QUESTIONARIO PER I NEOISCRITTI ALL'UNIVERSITÀ DEGLI STUDI DI PAVIA

ANONIMATO

Questo questionario viene distribuito a tutti gli studenti che si iscrivono per la prima volta all'Università di Pavia nell' A.A. 1991/92 e dovrà essere compilato e riconsegnato in Segreteria insieme al modulo di iscrizione. Esso ha lo scopo di raccogliere informazioni sullo studio delle lingue straniere utili alla eventuale costituzione di un Centro per l'insegnamento delle Lingue.
Chiediamo agli studenti di collaborare alla preparazione di un servizio di utilità generale ringraziandoli fin da ora per la loro collaborazione.

(1) Dati generali

N		CODEBOOK
		Cod. 1/18
1.1	**Sesso** (barrare la casella pertinente) F M	
2	**Età**	
3	**Facoltà**	
4	**Corso di laurea**	
5	**Diploma di maturità:**	
5 a	Conseguito nell'anno..............	
b	In (tipo di scuola)	
c	Con punti	

(2) Preparazione linguistica pre-universitaria

N		CODEBOOK
2.1	**Lingue straniere precedentemente studiate nel corso degli studi.**	Cod. 19/49

Per ogni grado di scuola (elementare, media, superiore) indica, in corrispondenza della lingua studiata, **per** quanti **anni** l'hai studiata, **escludendo le ripetenze**. Nel caso una lingua da te studiata non comparisse nell'elenco, specificala nella casella "altre".

SCUOLA	elem.	media	super.
francese			
inglese			
spagnolo			
tedesco			
altre ________			

2 **Attività di studio extrascolastico in Italia (lezioni e corsi privati).**

Per ognuna delle lingue studiate indica **la frequenza settimanale** (in **ore**) dei corsi e la **durata dei corsi (in mesi).**

Lingue	FRANCESE	INGLESE	SPAGNOLO	TEDESCO	ALTRE
Frequenza	Ore:	Ore:	Ore:	Ore:	Ore:
Durata	Mesi:	Mesi:	Mesi:	Mesi:	Mesi:

N

CODEBOOK

Cod. 50/77

3 **Periodi di permanenza all'estero (inclusi i soggiorni di studio)**

Indica, a partire dal più recente, i **Paesi** in cui hai soggiornato e il **tipo di soggiorno**, barrando la casella **"S"** se si è trattato di **soggiorno di studio** o la casella **"A"** se il soggiorno è stato di **altro tipo**. Inoltre, per ciascun paese, indica la **lingua da te parlata** durante il soggiorno e la **durata complessiva del soggiorno in settimane.**

PAESE --▸								
Tipo di soggiorno	S	A	S	A	S	A	S	A
Lingua								
Durata								

N

CODEBOOK

Cod. 78/80

1/27 (2)

4 **Barra la casella corrispondente al grado di difficoltà incontrato nello studio di ciascuna delle lingue straniere da te affrontate prima di iscriverti all'Università, distinguendo pronuncia, grammatica e vocabolario**
All'estrema sinistra= **NESSUNA DIFFICOLTA';**
All'estrema destra = **MASSIMA DIFFICOLTA'.**

Nel caso una lingua da te studiata non comparisse nell'elenco, specificala nella casella "altre".

NESSUNA◂ ---Difficoltà---▸ MASSIMA

4 a **FRANCESE**

Pronuncia

Grammatica

Vocabolario

b **INGLESE**

Pronuncia

Grammatica

Vocabolario

c **SPAGNOLO**

Pronuncia

Grammatica

Vocabolario

d **TEDESCO**

Pronuncia

Grammatica

Vocabolario

e **ALTRE : specificare**______________________________

Pronuncia

Grammatica

Vocabolario

N — CODEBOOK

Cod. 28/43

5 **Indica una graduatoria d'ordine, utilizzando le lettere corrispondenti, per le seguenti quattro capacità d'uso delle lingue straniere da te studiate prima di iscriverti all'Università:**

<u>Parlare (P); Capire la lingua parlata (C); Scrivere (S); Leggere (L). (Barrare la lettera corrispondente)</u>

In Francese riesco meglio a:	P	C	S	L
poi a:	P	C	S	L
poi a:	P	C	S	L
e infine a:	P	C	S	L
In Inglese riesco meglio a:	P	C	S	L
poi a:	P	C	S	L
poi a:	P	C	S	L
e infine a:	P	C	S	L
In Spagnolo riesco meglio a:	P	C	S	L
poi a:	P	C	S	L
poi a:	P	C	S	L
e infine a:	P	C	S	L
In Tedesco riesco meglio a:	P	C	S	L
poi a:	P	C	S	L
poi a:	P	C	S	L
e infine a:	P	C	S	L

N		CODEBOOK
3.1	**Quali lingue straniere ritieni che dovrebbe conoscere un laureato del Corso di Laurea che hai scelto?** Indipendentemente dalle tue conoscenze e relativamente ad ognuna delle lingue proposte indica il grado di importanza ponendo una crocetta lungo la barra. (All'estrema sinistra= **Assolutamente IRRILEVANTE** All'estrema destra = **Assolutamente IMPORTANTE**)	Cod. 44/71

	Ass. IRRILEVANTE	Ass. IMPORTANTE
1 **arabo**		
2 **cinese**		
3 **francese**		
4 **giapponese**		
5 **inglese**		
6 **portoghese**		
7 **russo**		
8 **spagnolo**		
9 **tedesco**		
10 **ungherese**		

► **AVVERTENZA** ◄
► **NELLE PROSSIME 3 DOMANDE TI VIENE CHIESTO** ◄
► **DI INDICARE DELLE PREFERENZE ALL' INTERNO** ◄
► **DEL GRUPPO DI LINGUE SOPRA PROPOSTO. PUO'** ◄
► **NON INTERESSARTI ALCUNA LINGUA, OPPURE PUOI** ◄
► **SCEGLIERNE FINO A 4.** ◄

2 **Quale lingua o quali lingue vorresti studiare o approfondire all'Università?**

Scegli dall'elenco sopra proposto e scrivi nell'apposito spazio il nome esteso della lingua scelta.

Desidero soprattutto studiare la lingua__________ , ma mi interessa anche alla lingua___________, la lingua __________, e infine la lingua__________.

N		CODEBOOK
3	**Le molte ragioni per voler iniziare o continuare lo studio di una lingua straniera possono essere riassunte nelle quattro categorie seguenti:**	Cod. 72/80 1/23 (3)

1. **ragioni di studio** (p.es. leggere e studiare testi universitari in lingua straniera; soggiornare presso una Università straniera; seguire lezioni, conferenze o seminari tenuti in lingua straniera; tradurre o scrivere tesi o articoli in lingua straniera);

2. **ragioni professionali** (p.es. essere assunti in aziende in cui è richiesta la conoscenza della lingua straniera; lavorare all'estero; leggere libri e riviste specializzati scritti nella lingua straniera; frequentare corsi, convegni o seminari di specializzazione tenuti nella lingua straniera);

3. **ragioni culturali** (leggere giornali o libri di argomento vario in lingua straniera; visitare paesi stranieri per avere accesso a diverse culture; vedere e comprendere film o programmi televisivi o radiofonici; ascoltare canzoni in lingua straniera);

4. **ragioni personali** (p.es. fare amicizia o avere contatti con persone che parlano la lingua straniera; trascorrere vacanze all'estero);

Per ciascuna delle lingue scelte alla precedente domanda, indica, in percentuale, le ragioni per cui vorresti iniziarne o continuarne lo studio.

Tieni conto che la somma delle percentuali da te assegnate per ciascuna lingua deve essere uguale a 100.

	Prima Lingua scelta	Seconda Lingua scelta	Terza Lingua scelta	Quarta Lingua scelta
Ragioni di studio %	+	+	+	+
Ragioni professionali %	+	+	+	+
Ragioni culturali %	+	+	+	+
Ragioni personali %	+	+	+	+
	100% =	100% =	100% =	100% =

N

CODEBOOK

Cod. 24/39

4 **Sempre rispetto alle lingue precedentemente scelte e rispettando lo stesso ordine che hai prima indicato, stabilisci una graduatoria per le capacità d'uso che ti interessa più sviluppare, utilizzando le lettere corrispondenti.**

Parlare (P); Capire la lingua parlata (C); Scrivere (S); Leggere (L). (Barrare la lettera corrispondente)

Per la Prima Lingua indicata vorrei

innanzitutto saper:	P	C	S	L
poi:	P	C	S	L
poi:	P	C	S	L
e infine:	P	C	S	L

Per la Seconda Lingua indicata vorrei
innanzitutto saper: P C S L
poi: P C S L
poi: P C S L
e infine: P C S L

Per la Terza Lingua indicata vorrei
innanzitutto saper: P C S L
poi: P C S L
poi: P C S L
e infine: P C S L

Per la Quarta Lingua indicata vorrei
innanzitutto saper: P C S L
poi: P C S L
poi: P C S L
e infine: P C S L

(4) I corsi di lingua straniera all'Università

N | CODEBOOK

Cod. 40/41

4.1 **Ritieni che lo studio di almeno una lingua straniera all'Università debba essere:**

(barrare una sola casella in corrispondenza della risposta scelta)

1. ▪ obbligatorio come esame del corso di laurea ☐
2. ▪ materia a scelta con esame e voto ☐
3. ▪ possibile come servizio facoltativo ☐
4. ▪ responsabilità del singolo studente (squisitamente personale) ☐
5. ▪ Non so valutare ☐

2 **Dove, secondo te, dovrebbero essere tenuti i corsi di lingua straniera?**

(barrare una sola casella in corrispondenza della risposta scelta)

1 ▪ all'interno di ogni Facoltà o Corso di Laurea ☐

2 ▪ in un centro specializzato per l'insegnamento linguistico ☐

3 ▪ non so valutare ☐

N | CODEBOOK

Cod. 42/50

3 **Quante ore settimanali saresti disposto a dedicare allo studio di una nuova lingua straniera? E per quanti anni?**

Ore sett.li di studio: [|]

Anni di studio: [|]

4 **Quante ore settimanali saresti disposto a dedicare all'approfondimento di una lingua straniera già studiata ? E per quanti anni?**

Ore sett.li di studio: [|]

Anni di studio: [|]

5 **Come preferiresti fossero distribuiti i corsi?**

(barrare una sola casella in corrispondenza della risposta scelta)

1 ▪ su tutto l'anno accademico, con cadenza settimanale (2/3 lezioni settimanali) ☐

2 ▪ concentrati in periodi di studio intensivo, con cadenza giornaliera ☐

3 ▪ per semestri, con cadenza settimanale (per 4/5 ore) ☐

4 ▪ Autoapprendimento presso il Laboratorio Linguistico universitario ☐

5 ▪ Non saprei ☐

Grazie per la collaborazione.

Parte seconda
Aspettative e motivazione

La motivazione nell'apprendimento delle lingue straniere in ambiente universitario

di *Cesare G. Cecioni*[*]

1. Premessa

È opinione comune che la facoltà di apprendere le lingue straniere in età adulta sia condizionata da tre fattori: l'attitudine individuale, la motivazione e le circostanze. Questo ultimo fattore può considerarsi scontato: nessuno apprende qualcosa se non gliene viene data la possibilità di farlo. Quanto all'attitudine, c'è una diffusa tendenza a considerarla una caratteristica strettamente individuale scarsamente modificabile e perciò una invariante, quasi essa fosse un fattore sostanzialmente biologico.

Consideriamo anzitutto il problema dell'attitudine. Mentre è noto che i bambini imparano con facilità qualsiasi lingua oltre alla prima, sviluppando con estrema rapidità comportamenti bilingui, questo non avviene negli adulti, alcuni dei quali sono eccezionalmente dotati a questo riguardo (e non sono certamente la maggioranza), mentre altri lo sono poco o niente. «While we may take for granted that children are exceptionally gifted for learning a language other than their own regardless of circumstances, we may be equally sure that language learning by adults follows utterly different cognitive procedures» (Cecioni 1989:11). È presumibile che questo dipenda dalla maggiore flessibilità del cervello nella prima infanzia. «Before the age of nine to twelve a child is a specialist in learning to speak. At that age he can learn two or three languages as easily as one [...] As he grows up, he becomes a stiff and resistant individualist, like a tree – a sort of oak that cannot be bent in any graceful manner» (Penfield/Roberts 1959:235-236).

[*] Firenze.

Se così stanno le cose è più che evidente che il bambino apprende (o, se si preferisce, acquisisce) la seconda o la terza lingua mediante processi cognitivi paralleli e sostanzialmente separati perché neurofisiologicamente predisposto a questo, mentre l'adulto «costruisce» il suo comportamento linguistico sulla base del primo, e cioè mediante processi cognitivi interrelati e sovrapposti, onde i fenomeni di interferenza e gli errori 'sistematici' che caratterizzano il suo comportamento. «Poiché l'esecuzione verbale nella seconda lingua da parte dello studente (adulto) è sistematica da un punto di vista strutturale, possiamo dire che in ogni momento particolare della sua carriera di apprendimento egli possiede una 'lingua', per quanto idiosincratica possa essere. A queste versioni delle lingue in arrivo fornite dai discenti, Selinker ha dato il nome collettivo di interlingua, e questo termine negli ultimi anni ha avuto la maggiore diffusione tra i linguisti applicati.» (Corder 1973/1983:421). Oltre al termine interlingua ne sono stati proposti altri, fra cui quello di competenza approssimativa, coniato chomskianamente dallo stesso Corder. Che tutto questo sia vero, eccetto casi isolati di adulti superdotati, appare incontrovertibile ed è confermato dall'esperienza quotidiana. Va dunque dato per scontato che, nell'adulto, il processo di apprendimento di una seconda lingua si innesta inevitabilmente in un sistema di base, il quale – si noti bene – costituisce già di per sé un sistema autosufficiente ai fini della comunicazione linguistica. In altre parole, chi apprende una seconda lingua in età adulta deve accettare a livello psicologico un secondo comportamento che usa codici diversi allo stesso fine, ciò che contrasta evidentemente con il principio del minimo sforzo. Ma non solo.

È infatti innegabile che se la lingua come fatto sociale (*langue*), e cioè come codice simbolico di comunicazione a livello del gruppo, è un fatto sostanzialmente e neutralmente condiviso dal gruppo stesso, altra cosa è la lingua intesa come fatto psicologico individuale (*parole*). A questo livello la lingua diventa parte integrante della struttura della personalità, ed acquista connotazioni emotive, anche nel profondo, che ben poco hanno a che vedere con la struttura della *langue*. Ne consegue che l'apprendimento di una seconda lingua non può che avere un definito impatto sulla struttura della personalità e che i processi di apprendimento non possono non essere influenzati dalle caratteristiche della struttura medesima.

Da quanto abbiamo finora detto ci sembra di potere, in linea di ipotesi, affermare che i fattori psicologici e cioè la struttura della personalità non possono non essere presi in considerazione ai fini dell'apprendimento di una seconda lingua. In questo dissentiamo totalmente da Carroll e Sapon che identificano unicamente l'attitudine in fattori spiccatamente cognitivi, più legati alla *performance* che alle caratteristiche psicologiche (Carroll/Sapon 1958, Carroll 1960). Se però prendiamo in esame la letteratura successiva sull'argomento, sia per quanto riguarda l'attitudine che la motivazione, notiamo che è molto difficile tener separati questi due fattori (Rubin 1975:18). Inoltre, non è certo possibile affermare che la motivazione è una invariante come fanno gli autori sopra citati dato che questa può essere facilmente modificata e manipolata, e dipende largamente anche dalle circostanze.

In altre parole, è indubbio che i fattori motivanti dipendono da circostanze esterne al soggetto nel senso che sono legati alla di lui interazione con l'ambiente socioculturale in cui il soggetto stesso si trova inserito. Tali circostanze, a nostro parere, sono però in grado di attivare un comportamento (in questo caso quello linguistico) solo nella misura in cui il soggetto stesso è disponibile ad accettarle come stimoli a cui dare una risposta adeguata. Già Levine e Murphy in «The learning and forgetting of controversial material» (1943) avevano dimostrato che l'intensità di un bisogno ha una influenza determinante sui processi di apprendimento e che la motivazione ad apprendere è strettamente correlata alla gratificazione, e cioè al soddisfacimento del bisogno stesso. Ma i bisogni, eccetto quelli elementari, non sono fatti oggettivi ma realtà psicologiche individuali. Se infatti ci limitiamo ai bisogni elementari «man's life is cheap as beast's» (Shakespeare, *King Lear*, II, IV, 269) ed il bisogno di apprendere una seconda lingua non è sempre dettato dallo stato di necessità, ma è spesso determinato da fattori molto più complessi.

Che la motivazione sia quindi costituita da fattori diversi e anche contrastanti lo avevano del resto già affermato Lambert e Gardner in «Motivation variables in second-language acquisition» (1959). Il discorso fu poi ripreso ed ampliato dallo stesso Lambert in «Psychological approaches to the study of language» (1963), in «A social psychology of bilingualism» (1967) e in «Psychological aspects of motivation in language learning» (1969).

Nel secondo articolo, il problema viene discusso in questi termini.

> When seen from a social psychological perspective, the process of learning a second language takes on a special significance. Various findings have increased our confidence in a social-psychological theory of language learning. This theory, in brief, holds that an individual successfully acquiring a second language gradually adopts various aspects of behaviour which characterize

> members of another linguistic cultural group. The learner's ethnocentric tendencies and his attitudes toward the other group are believed to determine his success in learning the new language. His motivation to learn is thought to be determined by his attitudes and by his orientation toward learning a second language. The orientation is «instrumental» in form if the purposes of language study reflect the more utilitarian value of linguistic achievement, such as getting ahead in one's occupation, and is «integrative» if the student is oriented to learn more about the other cultural community as if he desired to become a potential member of the group. (Lambert 1963/1972:179-80).

La distinzione fra motivazione strumentale e motivazione integrativa ha quindi radici psicologiche e si lega strettamente alla personalità del discente. La motivazione strettamente strumentale è determinata da uno stato di necessità, tanto è vero che in certe situazioni tutti diventano bilingui, onde il detto che la necessità è la madre del bilinguismo. Ma anche in situazioni del genere, anche quando la motivazione è, almeno all'inizio, apparentemente solo strumentale, i processi di apprendimento sono molto differenziati e tendono ad allargarsi a forbice nel tempo, come risulta dall'esistenza del fenomeno dell'interlingua ipotizzato da Selinker.

Accade infatti assai spesso (ed è il caso di molti immigrati) che le capacità di controllo del secondo codice linguistico si arrestino in una certa fase che non è certo ottimale, ma è quella che il soggetto ritiene essere sufficiente a soddisfare le sue esigenze comunicative, vale a dire quei bisogni che sono alla base della sua motivazione strumentale. Ci sono invece soggetti i quali, in circostanze analoghe, progrediscono verso obiettivi più elevati che non sono più quelli di una abilità comunicativa strumentale, ma di una autentica integrazione socioculturale.

In questo caso il processo è dinamico ed inarrestabile e non conosce soste, anche perché tale obiettivo non può mai essere compiutamente realizzato, nemmeno nella lingua di base.

Se questo è vero, e se è vero che solo gli adulti spinti da una motivazione realmente integrativo-culturale sono in grado di padroneggiare realmente una seconda lingua, è evidente che devono esistere delle caratteristiche psicologiche che rendono questo possibile. Dato che il quoziente di intelligenza, anche verbale, non sembra essere rilevante (Lambert 1963/1972:176-177) e, pur ammettendo che alcune capacità cognitive possano facilitare il processo di apprendimento, i fattori fondamentali dell'attitudine all'apprendimento delle lingue negli adulti non possono essere sostanzialmente che comportamentali, e quindi legati alla struttura della personalità. (Cecioni 1989:16).

Una recente ricerca (Isardi 1991) sembra confermare questa ipotesi. Questa ricerca, condotta in ambiente universitario, ha preso in esame 20 soggetti (studenti universitari) che avevano dimostrato eccezionali capacità nell'apprendimento della lingua inglese come seconda lingua in condizioni normali, e cioè senza essere cresciuti in un contesto familiare bilingue e senza aver trascorso lunghissimi periodi di soggiorno all'estero.

A detti soggetti è stato somministrato il test Mmpi (Minnesota Multiphasic Personality Inventory), costituito da 10 scale cliniche e 3 scale di validità.

Si è constatato che alcune scale cliniche relative alla struttura della personalità sono assai rilevanti ai nostri fini, come la scala 10 (*social introversion*) nella quale tutti i soggetti hanno ottenuto punteggi ottimali omogenei. Dall'elaborazione dei dati, la Isardi conclude che i 20 soggetti sono così definibili nelle caratteristiche comuni della loro struttura della personalità:

a) hanno un ottimo coefficiente di interazione sociale e gestiscono adeguatamente i rapporti interpersonali;
b) non hanno inibizioni a mostrarsi quali effettivamente sono e non temono il giudizio degli altri;
c) non hanno disturbi dell'affettività;
d) possono essere timidi e riservati, e sono certamente molto sensibili;
e) non sono né sfacciati né aggressivi e sono portati a riflettere su se stessi;
f) sanno valutare la realtà e reagiscono alle circostanze;
g) hanno la tendenza a richiedere conferme e giudizi dall'ambiente prima di agire e di giudicare;
h) sono molto adattabili;
i) sono aperti a nuove esperienze ed hanno fiducia negli altri; e sono quindi disponibili ad accettare quello che è diverso e ad adeguarsi.

Le conclusioni della Isardi confermano quanto già intuito dalla Rubin (1975) e la sostanziale tendenza dei buoni linguisti verso il pensiero divergente, già constatata nei bilingui da Lambert ed altri (Lambert/Peal 1963; Wilkins 1987).

2. Le motivazioni in ambiente universitario

Va anzitutto premesso che lo studente universitario italiano appartiene ad un gruppo tutt'altro che omogeneo dal punto di vista socioculturale e socioeconomico, e solo approssimativamente omogeneo per quanto attiene all'età. Anche dal punto di vista linguistico l'omogeneità è più apparente che reale: se è vero che tutti gli studenti di nazionalità italiana conoscono più o meno bene l'italiano, è altrettanto vero che le caratteristiche regionali e dialettali del loro sistema di base sono assai diverse, e tutti sanno quanto siano importanti le caratteristiche strutturali, particolarmente quelle fonologiche, per l'apprendimento della seconda lingua.

Ancor più disomogenea è l'esperienza scolastica ereditata dalla scuola secondaria nella conoscenza di una seconda ed una terza lingua. Non esistono in Italia scuole secondarie superiori in cui i programmi di lingua straniera siano uniformi. Quanto all'unitarietà dell'insegnamento è meglio non parlarne: sarebbe come voler addentrarsi nella selva oscura dantesca. Quello che possiamo dire con un alto indice di probabilità è che lo studente universitario proviene da scuole secondarie superiori nelle quali, salvo rare e lodevoli eccezioni, è stato ampiamente demotivato nell'apprendimento linguistico, non solo nella lingua straniera, ma anche nella lingua nazionale. I fattori demotivanti sono sostanzialmente tre:

1) la lingua straniera è considerata tradizionalmente una disciplina di secondaria importanza: certamente di importanza inferiore al latino e alla matematica;
2) l'insegnamento tradizionale, fondato pressoché esclusivamente sulla lingua scritta e sullo studio della grammatica, ancora largamente praticato, è per sua natura decisamente demotivante perché non presenta nessun risultato concreto e si rivela perciò assolutamente inutile per lo studente;
3) la defatigante prassi di «ricominciare sempre daccapo», ad ogni cambiamento di insegnante e di tipo di scuola, conseguenza dell'assoluta mancanza di organizzazione, di unitarietà di obiettivi, di programmazione e di test oggettivi di profitto, produce intere generazioni di «falsi principianti», e cioè di soggetti linguisticamente frustrati e inibiti, provvisti generalmente di conoscenze disorganiche nella lingua e quasi sempre privi di una ben che minima padronanza operativa della medesima, specialmente a livello di lingua parlata.

Vi sono, come abbiamo detto, rare e lodevoli eccezioni, quasi sempre dovute all'iniziativa individuale o all'ambiente familiare. A parte questo, possiamo quindi concludere che tutto quello che caratterizza lo studente universitario «comune» è il fatto di avere studiato una o due lingue straniere nella scuola secondaria e di averle studiate in genere piuttosto male. È quindi difficile poter contare su una motivazione di origine scolastica, sia essa di tipo strumentale che di tipo integrativo. Una motivazione preuniversitaria, che spesso esiste, deve pertanto ricercarsi in fattori extrascolastici. Fra questi:

1) la convinzione, assai diffusa tra i giovani e i giovanissimi, che la conoscenza, almeno della lingua inglese, è oggi assolutamente necessaria e costituisce addirittura una condizione di sopravvivenza, mentre anche altre lingue sono utili o addirittura indispensabili in alcune circostanze;
2) l'apertura delle giovani generazioni verso paesi e realtà linguistico-culturali diverse dalla propria, conseguenza questa della mobilità turistica, dell'informazione fornita dai mezzi di comunicazione di massa, nonché dalla *pop music* ed altre subculture;
3) la constatazione che l'accesso all'informazione, anche a livelli relativamente bassi, richiede sempre più spesso la conoscenza di altre lingue e, nella stragrande maggioranza dei casi, della lingua inglese;
4) la consapevolezza della progressiva internazionalizzazione dei rapporti di ogni tipo, anche di quelli interpersonali, ed ancor più l'ancor più profonda consapevolezza (interiorizzata dai giovani più di quanto comunemente si creda) di essere cittadini di una comunità multilingue quale è la Comunità Economica Europea.

Da quanto abbiamo detto, risulta evidente che la motivazione all'apprendimento linguistico nello studente universitario italiano è potenzialmente abbastanza forte (specialmente per la lingua inglese) e che contiene sia elementi di tipo strumentale che di tipo integrativo. Questo è stato dimostrato sia da ricerche condotte nelle scuole secondarie (Cecioni/Kostner 1982; Cecioni/Maccioni Ruju 1981), sia da indagini periodiche tra gli studenti del Centro linguistico dell'Università di Firenze.

Pur essendo i dati finora in nostro possesso assai parziali e difficilmente estrapolabili (l'Università di Firenze non è certo l'Università campione delle Università italiane) possiamo dire che, all'inizio, la valenza strumentale e la valenza integrativa della motivazione sono ambedue presenti. Nel corso degli studi universitari, com'è ovvio, la valenza strumentale tende ad accentuarsi o meno secondo il corso di laurea: è ovviamente assai alta nelle facoltà scientifico-sperimentali, (medicina, scienze matematiche, fisiche e naturali, agraria, farmacia, ingegneria, architettura, economia e commercio) mentre tende ad essere sopravanzata da quella integrativo-culturale nelle facoltà umanistiche propriamente dette (scienze politiche, lettere e magistero, con punte massime, come è ovvio, nei corsi di laurea in lingue). La facoltà di Giurisprudenza è un caso a parte: la motivazione è potenzialmente forte, sia dal punto di vista strumentale che da quello integrativo, ma è pesantemente frustrata dall'assenza di corsi istituzionali.

Il caso della Facoltà di Giurisprudenza è infatti paradigmatico e costituisce la cartina di tornasole della crisi istituzionale dell'insegnamento linguistico a livello universitario, quasi sempre caratterizzato dalla provvisorietà, dalla totale carenza di programmazione, dall'occasionalità, quando non addirittura dalla totale assenza. Anche questi fattori hanno una forte valenza demotivante.

Se la configurazione motivazionale dello studente che si iscrive all'Università è più o meno quella che abbiamo descritto, non possiamo certo dichiararci ottimisti per quello che l'Università può fare oggi per esaltarne le potenzialità. Infatti:

a) non è necessario dimostrare di conoscere una lingua straniera per iscriversi all'Università, con l'unica eccezione delle scuole interpreti. È questo un fatto estremamente negativo: infatti è noto che l'abolizione generalizzata dei *language requirements* nelle Università americane ha causato in quel paese una grave crisi della competenza linguistica anche a livello di scuola secondaria;
b) in genere, esistono corsi istituzionali di lingua (che spesso sono semplicemente corsi di letteratura) solo nelle facoltà umanistiche e nelle facoltà di economia e di commercio dove si intende però abolirli. Solo recentemente si è cominciato ad esigere 'prove' di conoscenza di una lingua straniera (quasi sempre l'inglese) nelle altre facoltà, prima fra tutte la facoltà di medicina. Non è mai stato però chiarito come si intenda provvedere alla preparazione degli studenti e tutto sembra ridursi al celebre 'arrangiatevi', ereditato dal linguaggio delle caserme;
d) l'unica iniziativa positiva per rispondere a questa domanda generalizzata di insegnamento linguistico è stata la creazione di centri linguistici di ateneo in grado di mettere a disposizione di tutti gli studenti (e non solo degli studenti) corsi di lingua a tutti i livelli pos-

sibili, servizi di tutorato ed attrezzature audiovisive ed informatiche centralizzate. Purtroppo i centri effettivamente funzionanti sono ancora pochi e non sarà facile attivarne nuovi nel prossimo futuro.

Spendiamo infine alcune parole per lo studente che è, o almeno dovrebbe essere, il più motivato, almeno sul piano integrativo-culturale, e cioè lo studente di lingue.

Dato che ha deciso di fare di una o due lingue l'oggetto principale di studio e la sua futura professione, si dovrebbe presumere che detto studente possegga una serie di fattori motivanti particolarmente intensi. Sfortunatamente, l'attuale ordinamento delle facoltà e dei corsi di laurea in lingue (anche quello recentemente riformato) è del tutto inidoneo a gratificare le esigenze degli studenti e ad esaltarne la motivazione.

L'insegnamento insiste quasi esclusivamente sul vieto ed antiquato modulo storico-letterario; non esiste alcun controllo né iniziale né in itinere delle effettive competenze linguistiche dello studente e del loro progressivo apprendimento e, il che è addirittura grottesco, l'attivazione di insegnamenti specificatamente linguistici quali la linguistica generale, la linguistica applicata, la linguistica di area, la glottodidattica, ecc., nonché la storia della lingua e persino la lingua stessa come materia specifica distinta dalla letteratura, è rimessa al buon cuore delle facoltà, le quali, essendo prevalentemente composte di docenti di tutt'altre discipline, vedranno questi insegnamenti come corpi estranei o come fonte di pericolose eresie.

Un mio illustre collega clinico osservò una volta che le facoltà e i corsi di laurea in lingue sono istituzioni dove tutto si insegna meno che le lingue e la linguistica, analoghe a possibili facoltà di medicina e chirurgia dove non si insegnino né l'anatomia, né la patologia, né ovviamente le cliniche, medica e chirurgica. Infatti, la linguistica sta alla anatomia e alla patologia, come le cliniche stanno alle lingue come discipline distinte dalle letterature.

Una situazione, questa, in grado di frustrare anche lo studente più motivato. I risultati si vedono.

Riferimenti bibliografici

Carroll, J.B. 1960. *The Prediction of Success in Intensive Foreign Language Training*. Cambridge, Mass., Graduate School of Education, Harvard University. Ristampato in Glazer, R. (ed.). *Training Research and*

Education. New York, Wiley, 1965.
Carroll, J.B./Sapon, S.M. 1958. *Modern Language Aptitude Test*. New York, Psychological Corporation.
Cecioni, C.G. 1989. *Who is the good language learner?*. In Cecioni, C.G. (a cura di). *Proceedings of the Symposium on «Autonomy in Foreign Language Learning»*, Florence, 14-16 December 1988. Firenze, Centro linguistico di Ateneo, Università di Firenze:7-17.
Cecioni, C.G./Kostner, R. 1982. *La motivazione nello studio delle lingue straniere in ambiente scolastico: i primi risultati di un'indagine svolta a Lucca e a Viareggio*. In «Studi dell'Istituto Linguistico» (Università di Firenze; Pisa, Pacini) V:57-74.
Cecioni, C.G./Maccioni Ruju, A. 1981. *La motivazione nell'apprendimento delle lingue straniere. Risultati di un'indagine in provincia di Sassari*. In «Cultura e Scuola» 21 [1982]:169-175.
Corder S.P. 1973. *Introducing Applied Linguistics*. Hammondsworth, Penguin (trad. it. a cura di A. Giacalone Ramat, *Introduzione alla linguistica applicata*, Bologna, Il Mulino, 1983).
Dil, A.S. (ed.). 1972. *Language, Psychology and Culture. Essays by W.E.Lambert*. Stanford, Stanford University Press.
Isardi, L. 1991. *Strutture della personalità e apprendimento linguistico*. In «Cultura e Scuola» 31:83-94.
Lambert, W. 1963. *Psychological Approaches to the Study of Language*. Parts I-II. In «Modern Language Journal» 47:51-62; 114-121. Ristampato in Dil (ed.):160-196.
Lambert, W. 1967. *A Social Psychology of Bilingualism*. In «Journal of Social Issues» 23:91-109. Ristampato in Dil (ed.):212-235.
Lambert, W. 1969. *Psychological Aspects of Motivation in Language Learning*. In «The Bulletin of the Illinois Language Teachers' Association», May 1969:5-11. Ristampato in Dil (ed.):290-299.
Lambert, W./Gardner, R.C. 1959. *Motivation Variables in Second Language Acquisition*. In «Canadian Journal of Psychology» 13:266-272.
Lambert, W./Peal E. 1962. *The Relation of Bilingualism to Intelligence*. In «Psychological Monographs» 76. Ristampato in Dil (ed.):111-159.
Levine, J.M./Murphy, G. 1943. *The Learning and Forgetting of Controversial Material*. In «Journal of Abnormal and Social Psychology» 38:507-517.
Penfield, W./Roberts L. 1959. *Speech and the Brain Mechanism*. New York, Atheneum Press.
Rubin, J. 1975. *What the Good Language Learner can Teach Us*. In «Tesol Quarterly» 9/I. Ristampato in Pride, J.B. (ed.). *Sociolinguistic Aspects of Language Learning and Teaching*. Oxford, Oxford University Press, 1979:17-26.
Wilkins, D. 1987. *The Educational Value of Foreign Language Learning*. Strasbourg, Council of Europe.

Corsi di inglese per scienze e tecnica: esigenze del mondo accademico e del mercato del lavoro

di *Maria Tarantino**

Negli ultimi decenni è cresciuta la fiducia nell'indagine tecnologica e scientifica e nell'applicazione dei suoi risultati per fini conoscitivi e socio-economici.[1] Questo ha determinato una costante richiesta di sviluppo e di innovazioni delle attività di ricerca nel mondo accademico ed in quello dell'industria ed ha aumentato il bisogno di allestire e di integrare risorse umane e tecniche per poter partecipare ad una sfida a dimensione internazionale. Infatti, la ricerca, lo studio e l'industria sono divenute realtà proiettate verso un sistema di interazione a livello globale in cui i programmi e le operazioni si stabiliscono e si svolgono tramite complesse reti di comunicazione. L'accesso in ogni settore di questa macro realtà dipende anche dalla conoscenza della lingua inglese che è oggi il principale veicolo d'integrazione di conoscenze e di scambio di informazioni e di mezzi di tale sistema. Conseguentemente, chiunque voglia far parte di esso deve saper utilizzare l'inglese in relazione a concetti, categorie pragmatiche, canoni argomentativi, espositivi e testuali dei campi specifici d'azione.

Questo studio presenta e discute i risultati di un'indagine volta ad acquisire informazioni di prima mano circa le abilità linguistiche che i corsi di lingua inglese (in seguito LT, cioè lingua *target*) dovrebbero favorire al fine di soddisfare le esigenze comunicative del mondo della ricerca scientifica e tecnologica, le aspettative degli studenti della stessa area accademica e la domanda di conoscenza di questa lingua nel

* Bari.

1. Si ringraziano i Docenti e gli Studenti che hanno risposto con interesse ai questionari e vorrei esprimere la mia gratitudine a: P. Errico, A. Franc, A. Laurora, G. Lepore, A. Morano, A. Pavone, P. Tampora e B. Tarantino per la loro preziosa collaborazione.

mercato del lavoro. Tali informazioni risultano dall'analisi di 3895 offerte di lavoro professionale apparse su due quotidiani italiani e dal rilevamento fatto tramite due questionari somministrati rispettivamente a 400 studenti ed a 278 docenti dell'area tecnico-scientifica dell'Università di Bari. Con campionamento casuale, si è cercato prima di stabilire l'entità e la qualità della domanda di conoscenza della LT, poi di individuare le abilità comunicative e le competenze argomentative ed espositive necessarie per poter affrontare adeguatamente i compiti del campo di studio e di lavoro e per essere parte integrante del contesto transnazionale. L'esame e la discussione dei dati sollecitano infine alcune riflessioni sulla struttura dei programmi di lingua nel contesto accademico specifico.

1. Tre realtà complementari

Le tre realtà socio-culturali da cui derivano i dati esaminati, sono spesso ritenute distanti in quanto ad attività, interessi e scopi. Di fatto, esse sono interdipendenti e si possono raffigurare come la testa e le membra di un complesso organismo la cui esistenza e sviluppo dipendono da capacità ed attività intellettive e procedurali con fini convergenti.

In particolare, il mondo della ricerca, nelle sue componenti, teorica, sperimentale ed applicata, utilizza strumenti e risorse cognitive per scoprire e spiegare aspetti sconosciuti della realtà naturale ed umana. Tramite l'osservazione diretta dei fenomeni o l'esame di ipotesi e di studi fatti da altri ricercatori, si individuano nuovi problemi e si teorizzano modelli di soluzione funzionale. Si inventano e sperimentano, quindi, procedimenti e sistemi per la verifica dei fenomeni ipotizzati ed esplorati. Si progettano ed elaborano, poi, nuove tecnologie ed applicazioni pratiche.

I risultati ottenuti per via di questi processi debbono avere carattere originale ed innovativo al fine di guadagnarsi il consenso della comunità scientifica nazionale ed internazionale di appartenenza. In seguito, le nuove idee e le nuove invenzioni servono come stimolo e base per future ricerche. Nel contempo gli ultimi ritrovati vengono consegnati al mondo industriale, dove sono adattati ed adoperati per rinnovare e migliorare prodotti, strumenti e mezzi.

Gli studenti dell'area tecnico-scientifica, per mezzo di presentazioni teoriche ed esperienze pratiche, sono introdotti ai diversi modelli analitici e procedurali con cui si descrive la realtà in modo razionale e sistematico. Apprendono così il metodo, le leggi e le convenzioni che regolano le discipline specialistiche e quelle affini. Imparano i relativi codici e sottocodici formali; assimilano i valori e le convinzioni che animano le varie comunità di ricerca.

Grazie a questo processo di «assimilazione ed adattamento» (Piaget 1955), l'osservazione percettiva individuale viene integrata con abilità di osservazione di natura 'epistemica' (Norris 1985). Questa è generata da conoscenze del dominio concettuale, fattuale e comunicativo del campo di studio e comprende reti cognitive, di natura interdisciplinare, che permettono di intuire, scoprire e formalizzare relazioni logiche e causali tra eventi e fenomeni. Per esempio, la teoria del Dna (Acido deossiribonucleico) scaturisce da conoscenze di genetica, di biochimica, di biofisica molecolare e di tecniche di diffrazione a raggi X. Queste cognizioni sono mappate tramite sistemi simbolici e codici semiotici che derivano da concetti e riferimenti chimici, fisici, matematici, statistici e tecnico-procedurali i quali, a loro volta, determinano l'individuazione e la caratterizzazione del processo.

Di solito lo studente dell'area tecnico-scientifica, insieme alle nozioni ed ai procedimenti disciplinari, acquisisce i criteri necessari per organizzare il lavoro e ottimizzare i risultati. Le competenze sviluppate durante i corsi di studio possono quindi aiutarlo ad inserirsi sia nel campo della ricerca accademica sia nel mondo industriale. In quest'ultimo caso, egli potrà contribuire con nuove idee e metodi per migliorare prodotti e servizi, e sviluppare nuove conoscenze e tecnologie. Queste, a loro volta, vengono successivamente filtrate, rielaborate e applicate nel mondo accademico e servono per perpetuare le ricadute positive e cicliche nel mondo dello studio ed in quello del lavoro.

L'osmosi continua, di idee e mezzi, che ha luogo tra i tre universi sopra menzionati può essere ritenuta la linfa vitale del progresso scientifico, tecnologico e sociale. Quindi queste tre realtà costituiranno la struttura portante della dimensione paneuropea post-1992 che dovrà confrontarsi con comunità scientifiche ed industriali più evolute.

2. La domanda della LT nel mercato del lavoro

La domanda di conoscenza della LT nel mercato del lavoro è stata verificata analizzando le offerte di impiego apparse su 12 numeri del «Corriere della Sera» e su 5 numeri de «La Repubblica». I dati del primo quotidiano costituiscono il campione di base, quelli del secondo servono da controllo. Nell'uno e nell'altro caso, il campionamento è stato condotto con approccio casuale, con la stessa metodologia e per gli stessi scopi.

Il campione di base abbraccia un periodo di circa otto anni e comprende 3664 annunci (Tab. 1). Con rilevamento a cadenza settimanale, mensile, stagionale, biennale e quadriennale si è cercato di stabilire: (a) l'andamento della richiesta di competenza nella LT e la sua dipendenza dall'approssimarsi di eventi politici comunitari; (b) l'incidenza di tale richiesta sulle offerte totali di lavoro per laureati e diplomati; (c) la suddivisione della stessa tra le due fasce di scolarità; (d) il livello di conoscenza preteso negli annunci per laureati; (e) la distribuzione della domanda della LT per disciplina di laurea.

Tab. 1 - Offerte di lavoro per laureati e diplomati «Corriere della Sera»

DATA DI PUBBLICAZIONE	TOTALE OFFERTE	OFFERTE RICHIEDENTI L'INGLESE (LT)	%
1) 07-09-84	285	126	44,2
2) 14-09-84	376	157	41,8
3) 21-09-84	301	136	45,2
4) 28-09-84	319	151	47,3
5) 05-10-84	320	120	37,5
6) 04-03-88	319	116	36,4
7) 11-03-88	336	113	33,6
8) 30-09-88	311	106	34,1
9) 21-10-88	320	155	48,4
10) 09-03-90	264	73	27,7
11) 06-04-90	327	114	34,9
12) 06-03-92	186	82	44,1
TOTALE	3.664	1.449	

I dati rivelano che, nelle offerte di lavoro professionale, la richiesta di conoscenza della LT ha un andamento quasi costante nel tempo (Fig. 1). Questa incide in media per il 39,5% dei casi, con punte del 48,4% (1988). Subisce una qualche flessione nel 1990 (27,7%); ma ha un apprezzabile recupero nel periodo più recente (44,1% nel 1992), malgrado il calo di proposte di impiego dovuto alla stagnazione economica in atto.

Il fenomeno non sembra quindi essere influenzato direttamente da questioni di scadenze politiche comunitarie. Infatti, per il 1984 ed il 1992 si registra quasi la stessa incidenza, rispettivamente il 44,2% e il 44,1% (Tab. 1).

Si può presumere che il mondo imprenditoriale si organizza in base a criteri propri, legati a questioni di domanda ed offerta, immagine e competitività del prodotto.

Fig. 1 - Andamento offerte di lavoro professionale con richiesta della LT

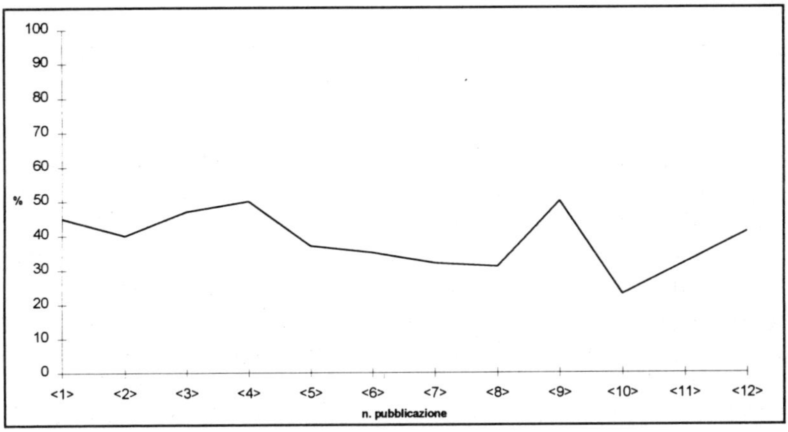

Nella suddivisione delle proposte d'impiego per scolarità, si è notato che le inserzioni non sempre indicano il grado d'istruzione e/o il titolo di studio del candidato.

In tali casi il dato è stato attribuito in base alle competenze professionali richieste o implicite per l'aggiudicazione della posizione. Si è inoltre cercato di seguire i mutamenti avutisi nel tempo riguardo ai destinatari delle proposte. Per esempio, si è tenuto conto che gli annunci per *marketing manager* sono sempre più diretti a laureati in ingegneria. Questa tendenza è da attribuire alle riconosciute abilità degli ingegneri ad individuare ed affrontare i problemi con approccio costruttivo.

La classifica delle offerte di lavoro in base alla scolarità mostra un piccolo scarto a favore dei laureati (1844 contro 1820, Tab. 2).

Tab. 2 - Ripartizione offerte di lavoro professionale

	Offerte	Richiedenti LT	%
LAUREATI	1.844	974	52,8
DIPLOMATI	1.820	475	26,1
TOTALE	3.664	1.449	

Ma la richiesta di conoscenza della LT sale notevolmente in relazione alla scolarità; infatti, essa è del 52,8% nelle offerte per laureati contro il 26,1% di quelle per diplomati.

Tenendo conto che i compiti che l'individuo deve svolgere e quindi l'abilità comunicativa variano e crescono con la scolarità, si può supporre che anche le competenze linguistiche pretese dalle due fasce nella LT siano qualitativamente e quantitativamente differenti.

Di fatto, le inserzioni definiscono la conoscenza della LT richiesta al candidato in modi diversi: ottima, perfetta, effettiva, profonda, elemento preferenziale, *fluency*, *working knowledge*, «buona», oppure non viene qualificata.

Per facilitare l'analisi di tale specificazione, in riferimento alle offerte di lavoro per laureati, si è scelto di classificare gli attributi ricorrenti secondo le implicazioni dei termini usati. Si sono così stabilite tre categorie: «ottima», «buona» e «non specificata».

La Tabella 3 riporta la suddivisione delle offerte e le percentuali in relazione a questa variabile. Si richiede conoscenza «ottima» nel 25,8% delle proposte, «buona» nel 43,5%, non viene specificata nel 30,7%.

Comunque, anche gli annunci che non qualificano il grado di conoscenza necessario possono contenere il requisito «orale e scritto». L'esplicita domanda «inglese orale e scritto» incide infatti per il 9,3% dei casi.

Tuttavia si può supporre che, dato il livello d'istruzione dei candidati, l'abilità dello scrivere possa ritenersi implicita in quasi tutte le proposte.

Tab. 3 - Specificazione di conoscenza LT offerte di lavoro per laureati

SPECIFICAZIONE	NUMERO OFFERTE	%
OTTIMA	251	25,8
BUONA	424	43,5
NON SPECIFICATA	299	30,7
TOTALE	974	100,0

Si deve notare inoltre che nelle inserzioni relative al periodo 1984–1988 la richiesta «inglese scolastico» è compresa tra lo 0,07% (1984) e lo 0,03% (1988); in seguito questa specificazione si dirada ulteriormente (0,01% nel 1992). Tenendo conto del valore generalmente attribuito a tale definizione, questi annunci sono stati inclusi nella categoria «conoscenza non specificata».

Nella distribuzione della domanda della LT in base al titolo di studio, si è constatato che spesso gli annunci riportano solo l'area culturale di afferenza del candidato: area tecnica, area scientifica, ecc.

Questo potrebbe essere indice del fatto che in molti settori gli imprenditori orientano le loro scelte in base alle capacità organizzative, analitiche e relazionali dei candidati.[2] I dati della Tabella 4 rivelano quanto sia diffusa la richiesta di conoscenza della LT nel campo scientifico–tecnologico.

Tale requisito è infatti necessario nel 71,3% delle offerte di lavoro per laureati in Chimica, nel 63,3% di quelle per laureati afferenti all'area tecnica; nel 56,9% di quelle per laureati in Ingegneria; nel 50% di quelle per laureati afferenti all'area scientifica.

Gli indici relativi ai laureati di Biologia (20%) e di Scienze dell'informazione (34%) debbono essere valutati tenendo conto che queste discipline rientrano nelle specializzazioni incluse nelle due aree: scientifica e tecnica.

2. Career Book 1992, La Repubblica.

Le percentuali relative ad Architettura e Agraria non sono invece significative per il basso numero di annunci rivolti a queste specializzazioni; comunque anche per queste due discipline potrebbe valere il commento precedente.

Tab. 4 - Ripartizione delle offerte di lavoro per corso di laurea

CORSO DI LAUREA	TOTALE OFFERTE	RICHIEDENTI LT	%
Agraria	5	3	60,0
Architettura	6	4	66,7
Biologia	5	1	20,0
Chimica	94	67	71,3
Economia e commercio	344	198	57,6
Giurisprudenza	75	24	32,0
Ingegneria	517	294	56,9
Medicina	59	24	40,7
Sc. dell'Informazione	253	86	34,0
Area Scientifica	222	111	50,0
Area Tecnica	218	138	63,3
Area Umanistica	45	24	53,3
Veterinaria	1	0	0,0
TOTALE	1.844	974	

I dati del quotidiano milanese sono confermati dai dati del campione di controllo (Tab. 5). Questo rilevamento è servito anche per valutare il fenomeno investigato in relazione a due realtà ritenute diverse: Nord/Centro-Sud.

Nonostante il minor numero totale di inserzioni apparse nel quotidiano romano (231 annunci in cinque numeri), sia l'andamento nel tempo, sia l'incidenza della richiesta di conoscenza della LT (Fig. 2), sono pressoché sovrapponibili a quelli del «Corriere della Sera», rispettivamente il 36,8% e il 39,5% (Figg. 1/2).

Tab. 5 - Offerte di lavoro per laureati e diplomati «la repubblica»

	DATA DI PUBBLICAZIONE	TOTALE OFFERTE	OFFERTE RICHIEDENTI L'INGLESE (LT)	%
1)	13-03-87	52	24	46,2
2)	04-03-88	36	10	27,8
3)	11-03-88	38	23	60,5
4)	09-03-90	68	13	19,1
5)	06-03-92	37	15	40,5
	TOTALE	231	85	

Tenendo conto delle dovute differenze statistiche, tutte le altre variabili analizzate mostrano caratteristiche simili a quelle del campione di base. Per esempio i picchi massimo (1988) e minimo (1990) coincidono in entrambi i campioni (Figg. 1/2); la richiesta di conoscenza della LT è maggiore nelle offerte di lavoro per laureati (Tabb. 2/6).

Fig. 2 - Andamento offerte in lavoro professionale

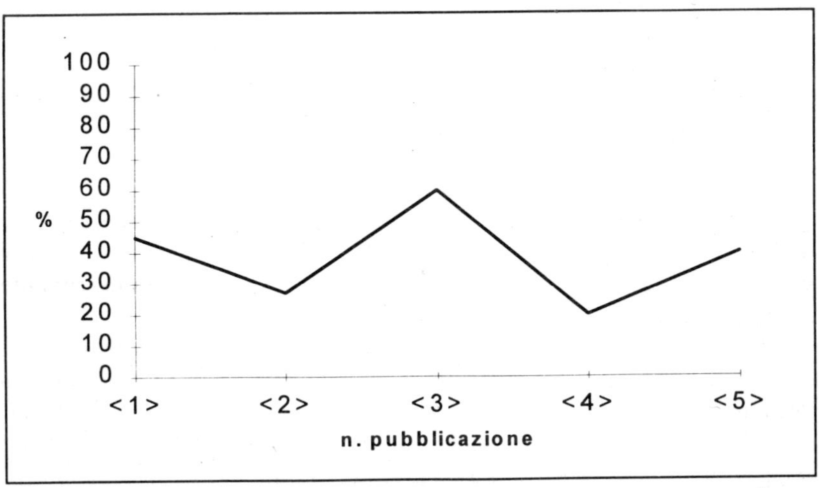

Il livello di conoscenza e la distribuzione delle offerte di lavoro richiedenti la lingua inglese mostrano percentuali relativamente simili (Tabb. 3/7, Tabb. 4/8).

Tab. 6 - ripartizione offerte di lavoro professionale

	OFFERTE	RICHIEDENTI LT	%
LAUREATI	157	75	47,8
DIPLOMATI	74	10	13,5
TOTALE	231	85	

Quindi si può concludere che, per ogni variabile analizzata, la richiesta di conoscenza della LT ha praticamente le stesse caratteristiche generali, indipendentemente dall'area geografica da cui perviene la proposta di lavoro.

Tab. 7 - specificazione di conoscenza LT offerte di lavoro per laureati

SPECIFICAZIONE	NUMERO OFFERTE	%
OTTIMA	25	33,3
BUONA	40	53,3
NON SPECIFICATA	10	13,3
TOTALE	75	100,0

I dati presentati evidenziano sia l'estensione della richiesta di conoscenza della LT nel mercato del lavoro professionale sia la qualità della competenza linguistica necessaria per potersi inserire nel mondo industriale. Naturalmente, i laureati nelle discipline scientifiche hanno bisogno di abilità comunicative adeguate al loro *status* professionale ed adatte al relativo campo di studio e di lavoro. Questa necessità viene corroborata anche dal fatto che un numero di annunci «appetibili» è fatto direttamente in lingua inglese; altri richiedono esplicitamente la conoscenza dell'inglese tecnico o scientifico. Si è notato inoltre che le inserzioni senza esplicita richiesta della LT spesso descrivono la società, la proposta di lavoro, le competenze e le mansioni dei candidati con termini anglo-americani: *world leader*, *key appointment*, *combat ready engineer*, *product analyst*, *marketing manager*, ecc. Il ricorso a tali termini sembra, da un lato, voler segnalare l'affidabilità dell'impresa e la stabilità ed il prestigio della posizione, dall'altro le doti professionali, l'efficienza e l'aggressività necessarie al candidato.

In altre parole i candidati preferiti dovrebbero essere professionalmente pronti ad impegnarsi con il mondo industriale nella sfida tesa a creare nuovi spazi cognitivi e tecnici a livello internazionale. Questo richiede competenze comunicative, argomentative e discorsive anche nella LT e quindi padronanza nelle quattro abilità linguistiche canoniche: leggere, capire, parlare e scrivere in relazione al campo specifico d'azione.

Tab. 8 - ripartizione delle offerte di lavoro per corso di laurea

CORSO DI LAUREA	TOTALE OFFERTE	RICHIEDENTI LT	%
Chimica	4	2	50,0
Economia e Commercio	29	12	41,4
Giurisprudenza	8	1	12,5
Ingegneria	45	30	66,7
Sc. dell'Informazione	22	8	36,6
Area Scientifica	23	5	21,7
Area Tecnica	19	12	63,2
Area Umanistica	7	5	71,4
TOTALE	157	75	

Tale affermazione potrebbe sembrare utopistica, ma essa è convalidata dai dati dello studio condotto da P. Costeloe a Bergamo. Le imprese intervistate in merito richiedevano competenze comunicative reali nel parlare, nel capire ed anche nello scrivere (Costeloe 1982). Contrariamente a quanto spesso si possa ritenere, in contesti tecnico-scientifici, tutte le abilità comunicative sono necessarie e quella dello scrivere è fondamentale (Tarantino 1988).

Bisogna tener presente che la ricerca è una attività «pubblica» che prospera grazie alla comunicazione scritta poiché quest'ultima è la fonte da cui dipende la verifica continua dei risultati discussi, indipendentemente dall'ambiente da cui essi provengono. Inoltre, tutti i progetti, gli accordi e le trattative necessitano di documentazione scritta, qualunque sia il mezzo di trasmissione con cui si stabiliscono, e questo conferma la complementarità delle abilità linguistiche nel mondo industriale.

3. Le aspettative degli studenti

La necessità di competenze comunicative nella LT, riscontrata nel mondo del lavoro, sembra condivisa anche dall'arcipelago studentesco. In realtà, le opinioni degli studenti in tal merito debbono essere prese *cum grano salis*, in quanto questi non vivono ancora molti dei problemi del mondo del lavoro e della ricerca, quindi possono avere idee poco chiare sulle abilità linguistiche necessarie per la loro professione. Tuttavia i loro giudizi sono importanti per verificare sia il loro atteggiamento verso la questione, sia la consapevolezza degli stessi del ruolo di tale lingua nel loro futuro.

Il questionario «Le aspettative degli studenti» (appendice A) è stato somministrato a modo di intervista strutturata ad un campione casuale di 400 studenti, di entrambi i sessi, che frequentano i corsi post-biennio di tre facoltà dell'area tecnico-scientifica dell'Università di Bari. I quesiti dello stesso sono stati formulati anche su indicazioni ottenute da uno studio pilota condotto su venti studenti della stessa area.

Stabilito il corso di studio dei rispondenti, si cerca d'individuare: a) se gli stessi ritengono necessario un programma di LT nel loro *curriculum*; b) le abilità linguistiche da sviluppare per soddisfare le loro attese; c) le loro preferenze riguardo la valutazione finale del profitto; d) le difficoltà incontrate nell'uso della lingua in situazioni legate al campo di studio, quando si è avuta tale esperienza.

L'abilità di lettura è stata presentata in relazione a due variabili:

«leggere per capire», «leggere per tradurre». Con questa distinzione si sono cercate indicazioni sul ruolo della traduzione nel campo specifico dove la comprensione del contenuto dipende dal cogliere l'esatto significato dei fatti riportati non solo sul piano intellettivo ma anche su quello teorico-pratico.

La Tabella 9 mostra che il 98% dei rispondenti ritiene il corso di LT necessario per il proprio campo di studio. Indipendentemente dalla loro esperienza, gli stessi hanno dichiarato di considerare insufficiente per i loro fini immediati o mediati lo studio scolastico della lingua straniera.

Inoltre nell'esprimere il desiderio di acquisire una padronanza della LT adatta al proprio campo di studio e per altre interazioni sociali e culturali, molti hanno osservato che spesso nei corsi viene insegnato, con molte ripetizioni, come usare strumenti, tecniche e metodi di scarsa utilizzazione nella professione moderna, mentre si lascia poco spazio o si trascura del tutto l'insegnamento/apprendimento della lingua che è il mezzo di comunicazione della comunità scientifica.

Per contro il 2% dei rispondenti non ritiene un programma di LT necessario nel loro curriculum. Gli stessi affermano di considerare la preparazione scolastica sufficiente per leggere i testi specialistici in lingua quando è richiesto dai programmi di studio e sembra che non abbiano altre motivazioni.

La stessa tabella riporta le preferenze di tutti gli intervistati e l'importanza assegnata alle abilità linguistiche da sviluppare in un programma finalizzato ai corsi di studio specifici. Al primo posto appare «leggere per capire», molto importante per il 90% dei soggetti, seguono «capire la comunicazione orale» (80%), «parlare» (70%), «scrivere» (50%), «leggere per tradurre» (28%). Queste indicazioni si spiegano considerando che gli studenti di questa area di studio, già nei primi anni, devono affrontare letture di testi specialistici in LT ed assimilarne il contenuto teorico-pratico per poter sostenere esami istituzionali e che circa l'80% delle conferenze specifiche sono tenute in LT.

In tali circostanze gli studenti avvertono l'esigenza di comprendere scritti e relatori e di interagire con essi adeguatamente, quindi si rendono conto dei propri limiti linguistici.

Pur riconoscendo una certa priorità alla comprensione del discorso scritto e orale ed al parlare («molto importante» per il 70%) per soddisfare fini immediati, quasi tutti i rispondenti sono consci dell'importanza dello «scrivere» (50% «molto importante», 30% «mediamente importante») per scopi professionali futuri e sembrano consapevoli delle limitazioni che accompagnano la conoscenza linguistica legata solo ad abilità ricettive. Il 20% di poco importante registrato per lo scrivere potrebbe rappresentare la valutazione di soggetti con obiettivi già prefissati. In realtà nessuno dei rispondenti con diretta esperienza nell'uso della LT, nel campo specifico, ha valutato poco importante tale abilità.

Tab. 9 - Le aspettative degli studenti

Rispondenti n = 400	VALORI PERCENTUALI				
Il corso LT necessario?	sì = 98,0	no = 2,0			
Abilità linguistiche da favorire?	Molto importante	Mediamente Importante	Poco Importante	Non Importante	N.R.
1 Parlare	70,0	30,0	0,0	0,0	0,0
2 Capire	80,0	20,0	0,0	0,0	0,0
3 Scrivere	50,0	30,0	20,0	0,0	0,0
4 Leggere per capire	90,0	10,0	0,0	0,0	0,0
5 Leggere per tradurre	28,0	20,0	32,0	20,0	0,0
D) Valutazione profitto: 1) Voto, 2) Idoneità	1) 65,0	2) 35,0			
E) Esperienza uso della LT	sì = 24,2	no =75,8			

La traduzione è l'unica abilità per la quale si registrano indicazioni di «non importante» (20%). In effetti, tutti i dati relativi ad essa le assegnano un ruolo secondario nel campo specifico poiché questa non sempre risulta efficace nell'attività di studio e di ricerca, come si vedrà in seguito.

Tab. 10 - Studenti con esperienza: grado di difficoltà nell'uso della LT

Rispondenti = 97	VALORI PERCENTUALI				
Specificazione	Molta	Media	Poca	Nessuna	N.R.
1 Parlare	50,0	30,0	15,0	5,0	0,0
2 Capire	57,0	30,0	10,0	3,0	0,0
3 Scrivere	63,0	23,0	11,0	3,0	0,0
4 Leggere	13,0	16,0	30,0	41,0	0,0

Il 24,2% dei rispondenti ha dichiarato di aver avuto esperienza nell'uso della LT in contesti specifici (scuole estive, soggiorni di studio in laboratori esteri, scambi di informazioni per la preparazione della tesi e per altre attività). In tali circostanze lo scrivere è risultato molto difficile per il 63% dei soggetti, il capire per il 57%, il parlare per il 50%, il leggere per il 13%, mentre il 41% ha dichiarato di non aver incontrato alcuna difficoltà in quest'ultima attività (Tab. 10). Secondo gli intervistati i concetti acquisiti nello studio delle varie discipline facilitano la comprensione dei testi scritti. Infatti, essi ritengono che l'interazione con un testo dipenda per circa il 75% dalla familiarità col contenuto e per circa il 25% dalla conoscenza del sistema linguistico. Gli stessi hanno riferito che la difficoltà nel parlare può nascere dal divario tra la quantità dei concetti che affollano la mente in lingua madre (L1) e l'espressione degli stessi in tempo reale in LT. I gesti e le altre strategie solitamente usate per farsi capire non sembrano molto utili in contesti specifici. Quindi la mancanza di fluidità nel parlare può essere frustrante ed inibitoria. Le difficoltà nel capire sono state imputate in parte alla scarsa familiarità con l'argomento ed alla velocità di locuzione del relatore ed in parte all'impossibilità di soffermarsi sul significato di termini e frasi pena la perdita del filo del discorso.

Sorprendentemente, nessuno dei rispondenti ha attribuito le difficoltà registrate ad una inadeguata conoscenza del sistema grammaticale inglese. Spesso le difficoltà nello scrivere sono state imputate a poca dimestichezza con le strategie organizzative ed espositive necessarie per la stesura dei vari tipi di testo e a dubbi su come attenuare o mettere in evidenza aspetti dell'argomento in sostegno della propria tesi. I rispondenti hanno inoltre commentato che in alcuni compiti di scrittura avrebbero avuto le stesse difficoltà anche se la stesura fosse stata in L1.

La Tabella 9 riporta che il 65% dei rispondenti preferirebbe una valutazione finale del profitto espressa con voto, ritenendo la quantificazione numerica più significativa e motivante. In effetti il problema «voto/idoneità» sembra più sentito dagli studenti nel cui curriculum il «colloquio» per verificare la conoscenza della LT è già operativo (biologi, fisici, informatici). Tra questi la percentuale a favore della valutazione numerica è dell'80% e molti hanno parlato del senso di frustrazione che genera l'equazione del merito in coloro che si impegnano seriamente. Si deve notare infine che nel questionario la postilla «anche se non cumulabile ai fini del voto di laurea» è stata voluta dagli stessi studenti. Questa specificazione sembra essere stata dettata dal timore con cui tale disciplina viene di solito vista in base a precedenti esperienze di studio, piuttosto che dal desiderio dei soggetti di distinguere «l'insegnamento LT» dalle discipline specifiche.

L'interesse dei rispondenti verso la LT e la loro presa di coscienza della necessità di competenza in tale lingua mostra un'apprezzabile maturità da parte dei giovani. Essi vorrebbero capire ed interagire con il contenuto del messaggio in modo attivo. Richiedono quindi corsi che sviluppino le quattro abilità linguistiche in modo integrato, privilegiando le capacità legate ad obiettivi immediati, senza però trascurare le esigenze comunicative future.

4. Le esigenze linguistiche del mondo della ricerca

Informazioni più attendibili sulle esigenze linguistiche del mondo accademico e sui requisiti di un programma di LT adeguato ai fini della comunità tecnico-scientifica possono venire da professionisti con esperienza diretta del problema

Tali informazioni sono state rilevate tramite il questionario «Situazione linguistica dei docenti e obiettivi dei corsi specifici» (appendice B) rivolto a professori e ricercatori di sei facoltà dell'area tecnico-scientifica dell'Università di Bari. I quesiti di tale questionario sono stati formulati anche su indicazioni avute da uno studio pilota condotto su dieci docenti dell'area in esame. Essi si articolano in due parti. Nella prima, stabilita l'area di appartenenza dei rispondenti, si vuole individuare: 1) se essi hanno studiato la LT a scuola; 2) la loro esperienza nel campo professionale; 3) le difficoltà incontrate nell'uso della LT in «situazioni» specifiche. Si cerca così di verificare: a) la relazione tra lo studio della LT a scuola e la competenza nell'uso della stessa per fini professionali; b) l'influenza dell'esperienza professionale sulla competenza nella LT; c) le abilità comunicative problematiche per uno studioso italiano. Di riflesso a tali informazioni, nella seconda parte si cercano indicazioni sulle abilità da sviluppare in un programma adatto alle esigenze del campo di studio e di ricerca, in relazione all'importanza delle stesse. La lettura è proposta in relazione a due variabili per gli scopi accennati precedentemente.

Il questionario, che è stato consegnato personalmente, è stato prima discusso, per quanto possibile, con i Presidi delle Facoltà e con i Presidenti dei Consigli dei corsi di laurea dell'area accademica in esame. In questa fase si è riscontrato un apprezzabile interesse verso il problema «conoscenza LT».

Nel contempo, però, si registravano seri dubbi sulle possibilità reali di un insegnamento, per altro non specifico, in corsi di studio già oberati da molte discipline e afflitti da problemi di sovraffollamento e da altre costrizioni.

Dei 400 questionari distribuiti, il 69,5% è stato completato; per il 70% di questi la compilazione è stata fatta a modo di intervista strutturata, per il restante 30% i moduli compilati sono stati consegnati anche tramite persone interessate al problema. I casi con nessuna risposta (NR, Tabelle 11 e 12) provengono da quest'ultimo gruppo.

Il campione in esame comprende le risposte di 278 professori e ricercatori, di entrambi i sessi, cioè, circa il 29% degli studiosi impegnati in questa area accademica. Si noti che per la Facoltà di Scienze si hanno dati in riferimento ai vari corsi di laurea poiché si è rilevato che in tale contesto esiste una diversità non solo di indirizzi, ma anche di discipline formali.

Il 52,9% dei rispondenti (appendice B) dichiara di aver studiato l'inglese a scuola, ma il confronto dei dati relativi a questi con quelli del gruppo che non ha esperienza di studio formale nella LT (47,1%), non evidenzia differenze apprezzabili nelle competenze comunicative dichiarate.

Questo fenomeno conferma quanto verificato precedentemente, (Tarantino 1988) e può trovare una spiegazione nel fatto che l'apprendimento della LT a scuola ha fini culturali diversi e non può né prevedere né coprire le esigenze che nascono da complesse competenze professionali.

Tab. 11 - Grado di difficoltà nell'uso della LT

	Rispondenti n = 278	VALORI PERCENTUALI				
		Molta	Media	Poca	Nessuna	N.R.
1	Lettura di testi e riviste professionali	7,2	9,0	45,3	38,5	0,0
2	Scrittura di relazioni professionali	41,3	18,0	32,4	7,9	0,4
3	Corrispondenza su argomenti professionali	29,5	18,0	39,2	12,2	1,1
4	Presentazione e discussione di lavori, convegni e seminari	54,3	15,8	17,7	10,8	1,4
5	Discussione formale andamento dati	39,6	19,8	25,5	12,6	2,5
6	Discussione informale andamento dati	30,9	19,1	28,8	18,3	2,9
7	Comprensione in conferenze e seminari	34,5	20,9	31,3	11,9	1,4
8	Formulazione domande e chiarimenti in conferenze e seminari	43,5	19,4	25,2	10,8	1,1

L'esperienza dei soggetti nel campo di lavoro va da quattro a trenta anni. Questo fattore sembra incidere in modo apprezzabile sulla competenza nell'uso della LT. Infatti, coloro che riportano meno difficoltà nell'uso delle quattro abilità linguistiche hanno in genere maturato almeno dieci anni di esperienza professionale. Occorre notare però che le perplessità nello scrivere sembrano permanere anche oltre. Questo fenomeno dipende anche dal fatto che la ricerca di precisione descrittiva aumenta in relazione all'esperienza del relatore.

I dati della Tabella 11 rivelano che leggere argomenti professionali risulta molto accessibile: nessuna difficoltà per il 38,5% dei rispondenti, poca difficoltà per il 45,3%. Solo il 7,2% dei soggetti ha dichiarato di avere molta difficoltà nella lettura. Parecchi di questi hanno però precisato che spesso il problema è associato a testi non strettamente legati al proprio campo di interesse. La complessità di molti fenomeni studiati richiede infatti una specializzazione sempre più marcata ed aggiornamenti continui su indagini, metodi e problematiche nuove. Risulta che le difficoltà nella lettura vengono di solito superate con l'acquisizione di conoscenze specifiche nel settore in cui si aveva meno esperienza. Le carenze in questa abilità non sono quindi sempre imputabili alla scarsa conoscenza del sistema grammaticale e spesso non possono essere superate tramite un mero approfondimento dello stesso.

Solo il 7,9% dei rispondenti riporta di non avere difficoltà nello scrivere relazioni professionali, mentre questa attività è molto difficile per il 41,3%, mediamente difficile per il 18%, e crea qualche problema per il 32,4%. Questi dati si possono apprezzare meglio se si considerano le attività di scrittura che un ricercatore deve affrontare per esigenze di studio e di lavoro. Bisogna tener presente che la ricerca tecnico-scientifica è un'attività a carattere transnazionale non solo in quanto a fini, ma anche per il fatto che essa dipende da organismi e strutture internazionali per il suo mantenimento e sviluppo (Blume 1989). Lo studioso di quest'area deve quindi servirsi della LT per scrivere e formulare: proposte di collaborazione, progetti di ricerca, relazioni di fattibilità, relazioni sull'andamento della ricerca, relazioni sui risultati finali, nonché mantenere la corrispondenza con enti e collaboratori. In tali documenti egli deve curare la correttezza formale ed osservare i canoni retorici e le regole argomentative e stilistiche del discorso scientifico (Tarantino 1991, in stampa). In queste operazioni, lo specialista italiano non può di solito fare riferimento a strategie discorsive e testuali acquisite in L1, in quanto tali competenze non vengono quasi mai discusse, in maniera adeguata, durante gli studi secondari e universitari.

La corrispondenza su argomenti professionali sembra presentare difficoltà per un minor numero di rispondenti (29,5%). Questo può dipendere dalla relativa essenzialità del contenuto e dal fatto che in questa attività si è molto aiutati da modelli e schemi che di solito sono ricorrenti. Le perplessità dichiarate riguardano categorie ed atti comunicativi a carattere interazionale: forme di cortesia e grado di franchezza con cui affrontare gli argomenti.

La presentazione e discussione dei lavori in convegni crea molte difficoltà per il 54,3% dei soggetti. Questa attività comporta adattamenti di natura formale e stilistica in relazione all'uditorio ed alla situazione contestuale con conseguenti modifiche grammaticali, semantiche e testuali. Il relatore italiano può intuire queste differenze pragmatiche, ma non è sempre linguisticamente preparato ad affrontarle.

Indubbiamente, l'esperienza e la personalità del singolo giocano un ruolo importante in questa «situazione», ma una maggiore consapevolezza delle caratteristiche che differenziano la presentazione scritta da quella orale, anche nei repertori tecnico-scientifici, potrebbe migliorare la competenza specifica.

Le difficoltà segnalate nella discussione formale ed informale dei dati (molto difficile rispettivamente per il 39,6% ed il 30,9%) sembra dipendano in parte dalla condizione sopraccennata. Di solito queste attività si basano su uno schema scritto e non hanno alcuna differenza per ciò che concerne il contenuto disciplinare e la precisione qualitativa e quantitativa dell'informazione (Bloomfield 1939). Esse differiscono però in quanto a formalità e modalità di presentazione e richiedono adattamenti stilistici e scelte di strutture sintattiche e semantiche appropriate al contesto. Durante le interviste si è spesso dovuto chiarire la differenza tra le due «situazioni» e si è notata qualche esitazione nel riconoscere la loro diversità. Non deve sorprendere quindi se queste due «situazioni» registrano il numero più alto di non risposta, rispettivamente il 2,5% ed il 2,9%. Questo può essere un'ulteriore conferma delle perplessità dei rispondenti riguardo all'influenza che l'auditorio ed il contesto possono avere sulla forma e sul tenore del discorso scientifico.

La comprensione in conferenze e seminari risulta molto difficile per il 34,5% e mediamente difficile per il 20,9% dei rispondenti. La relativa specificità degli argomenti trattati e la novità dei metodi e delle procedure discusse possono in parte essere responsabili di tali difficoltà. Parecchi intervistati hanno però precisato di incontrare maggiori difficoltà nel comprendere i relatori americani ed inglesi. In questo caso il problema potrebbe nascere dal fatto che, per le presentazioni orali, questi relatori usano uno stile semiformale ed un repertorio semantico più colloquiale con i quali, come già rilevato precedentemente, lo studioso italiano sembra avere scarsa familiarità.

Il 43,5% degli rispondenti ha segnalato di avere molta difficoltà nel formulare domande di chiarimento. Probabilmente, questa condizione dipende anche da una certa mancanza di pratica nell'usare la LT in maniera interattiva e trova spiegazione nel fatto che, per la maggior parte degli studiosi, l'apprendimento della LT è avvenuto in maniera autonoma. Inoltre, poiché la loro esperienza nell'uso della lingua straniera nasce quasi sempre dal contatto con testi scritti, essi sono particolarmente attenti alla forma e temono di commettere errori e sfigurare quando debbono interloquire, in tempo reale e senza un supporto scritto.

I dati sulle difficoltà segnalate dai rispondenti nelle «situazioni» comunicative esaminate, indicano che non sempre l'esperienza riesce a colmare le carenze dovute a mancanza di studi formali delle strutture retorico-espositive e testuali del discorso scientifico. Essi riflettono uno stato di malessere generale che non può che creare disagio, influenzare la qualità della comunicazione orale e scritta ed intaccare l'efficacia della presentazione. Di fatto, le incertezze nella presentazione orale e nella comprensione in conferenze possono ostacolare l'interazione immediata tra gli interlocutori. Tuttavia, tramite diversi ausili come la pubblicazione degli atti dei congressi, l'osservazione dei grafici, dei lucidi, nonché riferimenti interdisciplinari, si può recuperare il contenuto del messaggio. Anche i quesiti che restano in sospeso durante il dibattito possono trovare spiegazioni per le stesse vie. La relazione scritta che è invece la fonte della comunicazione e degli stessi chiarimenti non può avere sostituti. Le perplessità in quest'attività possono pertanto avere influenze negative sulla qualità e l'efficacia del messaggio e del suo contenuto, ritardare i tempi di pubblicazione e provocare altre spiacevoli conseguenze.

5. I requisiti dei corsi di LT per scopi specifici

Le considerazioni sui dati precedenti spiegano l'importanza assegnata dai docenti alle abilità comunicative da sviluppare in un programma di LT che tenga conto dei bisogni professionali. Molti hanno tenuto a precisare che il corso in questione dovrebbe avere due obiettivi, uno immediato, l'altro mediato. Il primo vede privilegiata la capacità di lettura di testi specialistici per affrontare esami e/o ricerche bibliografiche; il secondo è volto a favorire lo sviluppo di tutte le abilità in relazione a situazioni comunicative concrete del campo di studio. Comunque, la differenza di fondo concerne l'esigenza di prestare più attenzione ad un'abilità rispetto alle altre, senza trascurare però lo sviluppo integrato di tutte le capacità linguistiche. Infatti, nessuna abilità viene indicata come poco importante (Tab. 12).

La Tabella 12 mostra l'importanza assegnata a ciascuna abilità in riferimento ad un programma di LT mirato alle esigenze specifiche.

Comprendere presentazioni orali è al primo posto, molto importante per il 79,1% dei rispondenti; seguono leggere per capire (72,6%); parlare di argomenti specifici (57,9%), scrivere relazioni di lavoro (53,2%); scrivere corrispondenza professionale (39,9%); leggere per tradurre (37,4%).

La priorità registrata per la «comprensione orale» si spiega considerando la difficoltà di impadronirsi di quest'abilità, il suo ruolo nel processo didattico dell'area tecnico-scientifica, basato sull'integrazione di capacità analitico-razionali e la sua funzione nella comunicazione-dibattito nel campo specifico. La lettura, che serve per sostenere e coadiuvare la presentazione orale del docente, risulta infatti seconda.

Ovviamente, nel contesto specifico, quest'abilità dovrebbe consentire la decodificazione accurata del messaggio, da cui l'importanza del «leggere per capire».

Tab. 12 - Importanza delle abilità da sviluppare nel corso di LT

	Rispondenti n = 278	VALORI PERCENTUALI				
		Molta	Media	Poca	Nessuna	N.R.
1	Leggere per capire	72,6	19,8	7,2	0,0	0,4
2	Leggere per tradurre	37,4	25,9	35,3	0,0	1,4
3	Scrivere relazioni di lavoro	53,2	37,1	7,6	0,0	2,1
4	Scrivere corrispondenza professionale	39,9	43,2	14,7	0,0	2,2
5	Parlare di argomenti specifici	57,9	37,4	4,3	0,0	0,4
6	Comprendere presentazioni orali	79,1	19,4	1,1	0,0	0,4

Secondo i rispondenti il leggere per capire, direttamente in lingua, può abituare a pensare nella LT e quindi può contribuire ad accrescere la conoscenza di quest'ultima. Inoltre essi hanno convenuto che la memorizzazione, a volte inconscia, di frammenti di informazione, con relative strutture sintattiche e forme retoriche, può rivelarsi un utile sostegno nell'attività di scrittura.

Il parlare è ritenuto importante per abituare lo studente a discutere procedure di analisi e risultati e prepararlo a prendere parte al dibattito scientifico. Gli intervistati ritengono che un adeguato esercizio potrebbe fornire allo studente una maggiore fluidità espressiva e renderlo consapevole di variabili stilistiche e semantiche che distinguono la presentazione orale da quella scritta.

Lo scrivere delle relazioni è ritenuto determinante (molto importante per il 53,2%, mediamente importante per il 37,1%) sia per la funzione che questa attività riveste nella comunicazione scientifica, sia per la padronanza linguistica che essa può favorire. Secondo i rispondenti l'attività di scrittura, legata a compiti specifici, può aiutare lo sviluppo di capacità analitico-testuali ed abituare lo studente ad organizzare i concetti secondo gli schemi logici del discorso razionale. Inoltre, poiché scrivendo si devono operare delle scelte di strutture grammaticali e semantiche come i verbi modali e frasali, i connettivi logici, i tempi e gli aspetti verbali in considerazione dei contenuti fattuali della descrizione, tale attività può accrescere la sensibilità verso i contenuti linguistici e formali di un testo.

Osservazioni simili alle precedenti hanno accompagnato i commenti in relazione allo scrivere corrispondenza (molto importante per il 39,9%).Spesso gli intervistati hanno aggiunto che per eliminare le carenze che si riscontrano nella stesura di relazioni di laboratorio e di tesi sarebbe necessario anche un ,corso di scrittura nella L1. Si può supporre tuttavia che la maggiore padronanza nell'attività di scrittura in LT potrebbe avere un'influenza positiva anche sulla stesura di testi in italiano; ciò renderebbe lo studio di tale disciplina più rilevante e fruttuoso.

La traduzione viene ritenuta utile per le matricole, in cerca di un riscontro immediato del significato, e per esporre lo studente al vocabolario specialistico. In seguito essa si considera poco efficace poiché non sempre favorisce la comprensione dei concetti espressi in modo soddisfacente. Le perplessità segnalate dagli intervistati, su tale attività, non dipendono da valutazioni teorico-linguistiche, ma sono frutto di esperienza nel campo specifico. Nell'area tecnico-scientifica, le note riserve sul valore della traduzione (Steiner 1977) si spostano dal livello evocativo-culturale a quello epistemico. La questione è molto complessa e non dipende da fattori definibili come spiega con approccio contrastivo il Rossi Landi:

> ...traducendo dall'inglese all'italiano si ha la sensazione di perdere sempre qualcosa quanto a precisione nel ritagliare il mondo individuandone i singoli aspetti, traducendo dall'italiano all'inglese si ha quella di perdere sempre qualcosa quanto ai rapporti che le parole hanno fra di loro (Rossi Landi 1961: 23)

Poiché la precisione nella definizione qualitativa e quantitativa di ogni aspetto formale è un requisito fondamentale della comunicazione scientifica (Alley 1987), si possono capire le riserve sul ruolo della traduzione nel contesto in esame. Non a caso gli intervistati hanno dichiarato che a volte essi debbono adottare testi scritti in lingua straniera non perché manchi la traduzione italiana, ma per il fatto che spesso questa non rispecchia adeguatamente i significati espressi nell'originale. Tale limite può rendere ambiguo il significato dei termini e dei concetti con conseguenze negative per chi deve applicare ciò che impara per risolvere problemi e spiegare fenomeni secondo schemi razionali.

In sostanza gli esperti vorrebbero dei corsi di LT che consentissero agli studenti di impadronirsi delle quattro abilità linguistiche in relazione ad attività comunicative concrete e li rendessero consapevoli dei modelli argomentativi ed espositivi del discorso scientifico per poter da soli continuare verso una crescente flessibilità comunicativa nel campo di azione.

6. Conclusioni

Questa indagine ha evidenziato la dimensione del problema «conoscenza LT» dal punto di vista quantitativo e qualitativo ed ha fatto emergere interessanti informazioni sulle abilità linguistiche e discorsive necessarie per poter operare nel mondo industriale ed in quello accademico. I dati raccolti e discussi rivelano una notevole consonanza tra le esigenze comunicative e le aspettative linguistiche delle tre realtà investigate e segnalano il bisogno di maggiore interazione tra il mondo accademico e quello del lavoro anche in relazione all'argomento in esame. Infatti, essi sottolineano la necessità che oltre alla preparazione accademica l'Università dia agli studenti un bagaglio professionale adatto ai tempi che comprende anche un'adeguata preparazione linguistica.

Docenti e studenti sono consapevoli di quanto la padronanza della lingua straniera possa influenzare la loro carriera. Ovviamente, le differenze quantitative e qualitative, presenti nei quesiti dei relativi questionari e nelle risposte registrate, si spiegano in base alle diverse esperienze dei soggetti nell'uso della LT in situazioni professionali. Tuttavia, queste differenze non sembrano influenzare in maniera rilevante i risultati poiché le valutazioni degli intervistati sulle abilità da favorire in un programma, mirato ai bisogni specifici, possono ritenersi concordanti.

I dati delle Tabelle 9 e 12 mostrano un rapporto costante sia nell'orientamento generale delle scelte sia nelle priorità assegnate alle singole abilità linguistiche. Si riscontra infatti un'aderenza quasi netta tra le percentuali di «molto importante» riportate per la comprensione orale e per lo scrivere (rispettivamente l'80,0% ed il 79,1% per la prima competenza e il 50,0% ed 53,2% per la seconda). Lo scostamento più sensibile nei dati registrati per le altre abilità (leggere e parlare) è attribuibile a fattori di natura contingente già menzionati. Comunque le capacità più ambite, da parte dei soggetti del mondo accademico, risultano essere: capire, parlare e scrivere in relazione ad argomenti specifici. L'esigenza di dare maggiore attenzione a tali competenze è confermato anche dai dati delle Tabelle 10 e 11 che riflettono una condizione linguistica non del tutto soddisfacente in relazione alle stesse.

Ne consegue che i programmi di lingua non possono essere finalizzati solamente allo sviluppo di competenze passive, a modo di bene di consumo e diretti ad acquisire conoscenze elaborate da altri. Tale pratica risulterebbe uno spreco di risorse ed energie con risultati poco soddisfacenti. Come si è visto, la «lettura» è l'abilità più accessibile, essa non sembra favorire lo sviluppo delle altre abilità e non dipende soltanto da conoscenze del sistema linguistico. Per soddisfare le attese e gli impegni del mondo accademico e del mercato del lavoro, l'insegnamento della LT nel contesto specifico deve quindi porsi come un bene di investimento che potrà potenziarsi nel tempo e dare adito ad una crescente padronanza non solo nella ricezione, ma anche nella integrazione, produzione e trasmissione di conoscenze ed informazioni.

In tale prospettiva i risultati di questa indagine sollecitano alcune riflessioni riguardo l'organizzazione e la collocazione del programma di LT nei *curricula* dell'area tecnico-scientifica, il suo contenuto, i suoi scopi, la figura e il ruolo del docente della disciplina, il metodo di valutazione finale del profitto e lo status dell'insegnamento stesso.

L'organizzazione dei programmi andrebbe stabilita tenendo presente sia le conoscenze del sistema linguistico, sia quelle di carattere tecnico scientifico dei discenti. La non omogeneità nell'uno e nell'altro campo può infatti condizionare l'andamento dei corsi. Per quanto riguarda la prima variabile, dati oggettivi, ottenuti dalle prove d'ammissione ai corsi di lingua di questa Facoltà, mostrano che, attualmente, le conoscenze iniziali del corpo studentesco vanno dal livello di «vero principiante» (25%-30% degli studenti) a quello di «falso principiante» (45%-50%) e di «intermedio» (15%-20%). Per la seconda variabile, si deve ricordare che, indipendentemente dalle conoscenze iniziali della LT, nei primi anni di studio lo studente manca delle cognizioni necessarie per apprezzare e riprodurre atti comunicativi che rispecchino i canoni e le regole insite nel modello argomentativo-probativo che caratterizza il discorso scientifico. Di fatto egli è impegnato nell'apprendere il metodo ed assimilare i codici analitici e procedurali delle varie discipline specifiche. Il suo interesse principale è sopravvivere come studente del corso scelto; quindi lo studio della lingua non può che sembrargli marginale, se non di peso, rispetto alle materie caratterizzanti.

Ne consegue che per rendere efficace il programma di LT si dovrebbero fornire corsi differenziati in relazione alle competenze linguistiche dei partecipanti e che tengano conto anche della loro realtà culturale. In linea di massima si dovrebbero prevedere tre livelli di studio: nel primo si dovrebbe privilegiare la conoscenza della fonetica e della grammatica, nel secondo si dovrebbe potenziare l'uso della sintassi ed approfondire nozioni legate ad atti comunicativi interpersonali e nel terzo si dovrebbe analizzare la retorica argomentativa e lo stile in relazione al metodo, al contenuto ed ai fini del discorso tecnico-scientifico. Il programma di introduzione alla lingua e quello di mantenimento si potrebbero inserire nel primo biennio di studio, quello specifico si dovrebbe invece collocare nel secondo biennio. Si avrebbe così un gruppo di partecipanti più omogeneo, in relazione a competenze linguistiche e tecnico-scientifiche, meno numeroso e relativamente costante. Questa collocazione del corso di Est ridurrebbe anche l'usura che, a causa del ben noto prolungamento del periodo di studio, può comportare la non utilizzazione della LT in modo interattivo per lungo tempo.

D'altro canto, l'importanza assegnata al capire, da parte di tutti gli intervistati, sembra consigliare fortemente questa scelta proprio perché, come si evince dall'esempio fatto in riferimento alla teoria del Dna, la comprensione richiede familiarità con concetti, codici e sottocodici di più discipline, il cui studio e comprensione sono condizionati da conoscenze integranti che si acquisiscono in successivi programmi. Naturalmente, lo scopo dei corsi dovrebbe essere quello di favorire un'evoluzione graduale della padronanza linguistica tramite una progressiva immersione nel flusso discorsivo. Questo darebbe la possibilità di prestare più attenzione alle abilità ritenute importanti in relazione alle esigenze contingenti dei vari piani di studio, contemporaneamente si favorirebbe nello studente lo sviluppo di competenze retorico-testuali in relazione all'universo del discorso scientifico legato ai propri interessi specialistici

Nel nuovo scenario di scambi internazionali lo studente di

quest'area accademica dovrebbe essere guidato nello scrivere corrispondenza formale, il proprio *curriculum vitae*, dei piccoli progetti di ricerca e delle relazioni di laboratorio secondo canoni stabiliti. A tal fine egli dovrebbe sapere utilizzare le strutture grammaticali, sintattiche e semantiche per segnalare, con precisione, il legame tra concetti e fatti ed evidenziare il valore quantitativo e qualitativo delle informazioni trasmesse. Ovviamente, l'acquisizione di competenze nello scrivere in relazione alle intenzioni, ai temi ed ai compiti della comunità specialistica potrà contribuire anche ad uno sviluppo più omogeneo di tutte le abilità linguistiche (Emig 1977).

Durante la preparazione e l'analisi delle attività di scrittura si potrebbero affrontare i problemi concernenti le diversità di registro. Una maggiore consapevolezza delle differenze tra lo stile formale e quello più colloquiale potrebbe venire dal confronto fra testi diretti a specialisti e testi a carattere divulgativo sullo stesso argomento. Comunque lo studente dovrebbe essere spesso incoraggiato a partecipare alla discussione orale badando al contenuto delle proprie idee piuttosto che alla forma.

Data la varietà degli scopi del programma di LT e la complessità dei relativi compiti, si potrebbero prevedere accertamenti della conoscenza linguistica a carattere parziale, in riferimento ai vari livelli di competenza e con valutazione a modo di «credito» (Trim 1979). La valutazione complessiva si potrebbe riservare per i discenti del corso specifico. Tuttavia, il metodo di giudizio del profitto finale dovrebbe essere simile a quello delle altre discipline. Questo renderebbe lo studio della LT più gratificante e nel contempo darebbe pari dignità alla disciplina.

I docenti dei programmi di lingua dovrebbero avere una certa familiarità con i contenuti delle discipline specifiche, le strutture concettuali, i modelli argomentativi ed i canoni espositivi del discorso scientifico.

Questo li renderebbe più consapevoli dell'influenza che il contenuto, il metodo e le convenzioni possono avere sulle strutture sintattico-grammaticali. Essi dovrebbero inoltre avere contatto diretto con il processo di formazione degli studenti di quest'area di studio, per poterne apprezzare le caratteristiche e le differenze sul piano cognitivo e comunicativo.

Tali conoscenze migliorerebbero la comprensione della relazione tra contenuto fattuale, discorso e contesto situazionale, con conseguenti ricadute positive nel campo teorico-pratico. Naturalmente si dovrebbe riconoscere pari dignità all'insegnamento LT non solo nelle facoltà tecnico–scientifiche, ma anche nelle facoltà di lingue straniere.

Nell'istituire gli insegnamenti di lingue e nello stabilirne il corpo docente bisognerebbe tener presente che la conoscenza dell'aspetto «biofisico» della lingua: parole e strutture grammaticali, non determina competenze comunicative specifiche che sono legate a cognizioni di carattere «biosociale»: categorie pragmatiche (Bloomfield 1939). Di fatto la mancanza di queste ultime può causare il completo fraintendimento del contenuto del messaggio, generare confusione, e fare interpretare in modo errato persino le strutture grammaticali, sintattiche e funzionali (Clark 1975).

Sarebbe perciò auspicabile incoraggiare lo sviluppo di competenze teorico–pratiche nel campo dell'Est (l'inglese per la scienza e la tecnica) e preparare esperti in questo settore della comunicazione anche in Italia.

Purtroppo, i provvedimenti ministeriali riguardo all'apprendimento della LT nelle facoltà tecnico–scientifiche non sembrano dare molta importanza al problema in esame. Infatti, solo lo statuto del corso di laurea in Medicina e Chirurgia fa riferimento ad un corso di lingua inglese, mentre le altre tabelle, già approvate o in corso di approvazione, sbrigano tale questione con la seguente norma:

> Lo studente, inoltre, è tenuto a sottoporsi ad una prova di accertamento di conoscenza della lingua inglese, mediante colloquio e traduzione di testi scientifici, prima dell'iscrizione al terzo anno.[3]

L'argomento viene quindi affrontato in modo vago e generico, ma sembra preoccupante il fatto che le disposizioni stabilite, o in discussione, vogliano relegare la conoscenza della LT ad un dovere a cui lo studente deve assolvere senza che sia previsto un corso per la disciplina, adeguatamente inserito nel diario delle lezioni. L'obbligatorietà della «verifica di conoscenza» prima dell'iscrizione all'anno indicato potrebbe conferire un certo status allo studio della lingua, ma influenza negativamente il rapporto di molti studenti con questa materia poiché le conferisce un ruolo selettivo non associato agli esami specifici. Visto il ruolo secondario assegnato da esperti e studenti alla traduzione e tenendo conto dell'inefficacia della stessa attività nel contesto specifico non può che sembrare discutibile anche il suo valore come strumento di accertamento di conoscenza della LT.

3. Gazzetta Ufficiale della Repubblica Italiana, 12-1-1987, no 8, p. 15

La caratterizzazione dell'insegnamento ed altre scelte riguardo l'argomento «lingua» nelle tabelle e nei piani di studio non possono che lasciare perplessi.

Sembrano del tutto ignorati sia i desiderata ed i bisogni del mondo accademico e di quello del lavoro, emersi tramite il presente studio, sia le aspettative legate ad impegni internazionali presenti e futuri (Ruberti 1991). Sarebbe quindi necessario ed auspicabile un riesame della questione e delle proposte più attente non solo alle esigenze linguistiche ed ai problemi dei protagonisti dell'universo tecnico-scientifico ed imprenditoriale, ma anche alle richieste dei ricercatori dell'area linguistica specifica.

Riferimenti Bibliografici

Alley, M. 1987. *The Craft of Scientific Writing*. Englewood Cliffs, Prentice Hall Inc.

Bloomfield, L. 1939. *Linguistic Aspects of Science*. In «International Encyclopedia of Unified Science». Chicago, Chicago University Press: 1/4:1-59.

Blume, S. 1989. *Research: New Horizons*. In «1992 Now», Quarterly IBM Europe (October 1989)

Clark, R. 1975. *Adult Theories, Child Strategies and Their Implications for the Language Teacher*. In Allen, J.P.B./Corder, S.P. (eds), *The Edinburgh Course in Applied Linguistics*. Oxford, Oxford University Press: 291-347.

Costeloe, P. 1982. *Identifying the Language Needs of Economics Students at Bergamo University: Personnel Selection Officer Opinions*. In «Studi di Anglistica». Istituto Universitario Bergamo.

Emig, J. 1977. *Writing as a Mode of Learning*. In «College Composition and Communication». 28: 122-128.

Norris, S.P. 1985. *The Philosophical Basis of Observation in Science and Science Education*. In «Journal of Research in Science Teaching». 22/9:818-833.

Piaget, J. 1955. *The Child's Construction of Reality*. London, Routledge and Kegan Paul. Trad. dall'originale francese *La construction du réel chez l'enfant*. Neuchatel, Delachaux et Niestlé (1937).

Rossi Landi, F. 1961. *Significato comunicazione e parlare comune*. Venezia, Marsilio Editori

Ruberti, A. 1991. *Presentazione*. In «Università Ricerca», 2/12.

Steiner, G. 1977. *After Babel. Aspet of Language and Translation*. Oxford, Oxford University Press.

Tarantino, M. 1988. *Italian In-Field EST Users Self-Assess. Their Macro- and Micro-Level Needs: A case Study*. In «English for Specific Purposes», 7: 33–53.

Tarantino, M. 1991. *Dispassionate Discourse and the Discreet Presence*. In «Unesco ALSED–LSP Newsletter», 13/4(32) June: 28-34.

Tarantino, M. In stampa. *The Teaching/Learning of English in Technical Schools: Reality and Mystification*.

Trim, J.L.M. 1979. *The Place of Needs Analysis in the Council of Europe Modern Languages Project*. In Altman, H.B./James, C.V. (eds.) *Foreign Language Teaching: Meeting Individual Needs*. H. B. Altman & C V.James. Oxford, Pergamon Press.

Appendice A

Questionario: «le aspettative degli studenti»

principali risultati — Campione no. 400 rispondenti

A) Corso di laurea di appartenenza:

1)	Biologia	20,0%
2)	Chimica	11,3%
3)	Fisica	17,5%
4)	Scienze dell'informazione	13,8%
5)	Geologia	10,0%
6)	Scienze Naturali	7,5%
7)	Ingegneria	12,5%
8)	Farmacia	7,5%

B) Ritiene un corso di inglese necessario per il suo corso di laurea?

1)	si	98,0%
2)	no	2,0%

C) Quali abilità linguistiche dovrebbe sviluppare un programma di inglese per il suo corso di studi? (specificare per ordine d'importanza)

		Nessuna	Poca	Media	Molta
1)	Parlare	0,0%	0,0%	30,0%	70,0%
2)	Capire	0,0%	0,0%	20,0%	80,0%
3)	Scrivere	0,0%	20,0%	30,0%	50,0%
4)	Leggere per capire	0,0%	0,0%	10,0%	90,0%
5)	Leggere per tradurre	20,0%	32,0%	20,0%	28,0%

D) La valutazione del profitto finale del corso, anche se non cumulabile ai fini del voto di laurea, dovrebbe essere espressa:

1)	Con voto	65,0%
2)	Con idoneità	35,0%

E) Ha avuto esperienza nell'uso della lingua in relazione al suo campo di studi ?

1)	sì	24,2%
2)	no	75,8%

F) Se sì in quali situazioni ha trovato difficoltà?

		Nessuna	Poca	Media	Molta
1)	Parlare	5,0%	15,0%	30,0%	50,0%
2)	Capire	3,0%	10,0%	30,0%	57,0%
3)	Scrivere	3,0%	11,0%	23,0%	63,0%
4)	Leggere	41,0%	30,0%	16,0%	13,0%

Appendice B

Questionario: «situazione linguistica dei docenti e obiettivi dei corsi specifici»

Principali risultati — Campione n. 278 rispondenti

A) Corso di laurea di appartenenza:

1)	Agraria	6,8%
2)	Biologia	11,9%
3)	Chimica	7,2%
4)	Farmacia	6,1%
5)	Fisica	12,6%
6)	Geologia	3,6%
7)	Ingegneria	11,5%
8)	Matematica	5,0%
9)	Medicina	19,4%
10)	Scienze dell'Informazione	8,3%
11)	Scienze Naturali	3,6%
12)	Veterinaria	4,0%

B) Ha studiato inglese a scuola ?:

1)	sì	52,9%
2)	no	47,1%

C) Contrassegnare il grado di difficoltà riscontrato nell'affrontare le seguenti situazioni in lingua inglese:

		Molta	Media	Poca	Nessuna	N.R;
1)	Lettura di testi e riviste professionali	7,2%	9,0%	45,3%	38,5%	0,0%
2)	Scrittura di relazioni professionali	41,3%	18,0%	32,4%	7,9%	0,4%
3)	Corrispondenza su argomenti professionali	29,5%	18,0%	39,2%	12,2%	1,1%

4)	Presentazione e discussione di lavori in convegni e semi-nari	54,3%	15,8%	17,7%	10,8%	1,4%
5)	Discussione formale andamento dati	39,6%	19,8%	25,5%	12,6%	2,5%
6)	Discussione informale andamento dati	30,9%	19,1%	28,8%	18,3%	2,9%
7)	Comprensione in conferenze e seminari	34,5%	20,9%	31,3%	11,9%	1,4%
8)	Formulazione di domande e richiesta di chiarificazioni in conferenze e seminari	43,5%	19,4%	25,2%	10,8%	1,1%

D) Quali abilità dovrebbe sviluppare un corso di lingua inglese mirato ai bisogni del suo corso di laurea e della sua professione? (Specificare in ordine d'importanza)

		Molta	Media	Poca	Nessuna	N.R.
1)	Leggere per capire	72,6%	19,8%	7,2%	0,0%	0,4%
2)	Leggere per tradurre	37,4%	25,9%	35,3%	0,0%	1,4%
3)	Scrivere relazioni di lavoro	53,2%	37,1%	7,6%	0,0%	2,1%
4)	Scrivere corrispondenza professionale	39,9%	43,2%	14,7%	0,0%	2,2%
5)	Parlare di argomenti specifici	57,9%	37,4%	4,3%	0,0%	0,4%
6)	Comprendere le presentazioni orali e le discussioni di argomenti specifici	79,1%	19,4%	1,1%	0,0%	0,4%

Parte terza
L'organizzazione della didattica

Ancora sull'insegnamento delle lingue straniere nell'Università italiana[1]

di *Franco Crevatin*[*]

Svolgo qualche breve considerazione su alcuni temi che mi paiono talora pudicamente sottaciuti quando si ragiona sul tema trattato nel nostro convegno. Tutti sono pronti a strapparsi i capelli per lo stato delle conoscenze linguistiche degli studenti universitari italiani, ma sono altresì poco propensi a chiarire *chi* debba concretamente insegnare *cosa*.

Una delle risposte più comuni è che l'insegnamento pratico non rientra nei compiti dell'Università, bensì della scuola superiore. La risposta è ambigua perché contiene solo una parte di vero: è chiaro che la scuola deve formare i propri studenti almeno in una lingua straniera (ma sia detto che l'Italia si è comunitariamente impegnata a formare i propri futuri cittadini in due!), e ciò non potrà avvenire davvero prima che si sia costituito il necessario «raccordo curriculare» tra tutti i livelli di studio. Ammettiamo pure che il raccordo ci sia, e dunque sia risparmiata ai nostri figli la noiosa ripetitività degli studi, la questione è che nella scuola sono chiamati ad insegnare docenti formati da Università che della lingua straniera si sono occupate poco o punto. Il collega universitario, ottimo critico storico, che piagnucola sull'impreparazione linguistica studentesca, è in realtà spesso un anello di quella catena che genera e perpetua l'impreparazione. Per chi voglia iniziare *ex novo* all'Università lo studio di una o più lingue straniere la

1. Nel testo letto al Convegno avevo illustrato le linee di lavoro ed i risultati ottenuti da un gruppo di lavoro sul problema dell'insegnamento delle lingue straniere in Italia, organizzato all'interno dell'Uri-Murst e da me, indegnamente, coordinato. Siccome tali risultatii sono ora in stampa per cura dello stesso Ministero, ho svilupato qui uno solo dei punti trattati.

* Trieste.

risposta è in genere prontissima, e prevede l'urgente invio dello studente al Centro linguistico dell'ateneo. Sarebbe una buona risposta se le Università ed il Ministero si preoccupassero di dotare i centri di tutto ciò che ad essi serve, ma allo stato attuale delle cose mi pare proprio che si vogliano fare le nozze coi fichi secchi. Comunque, non è in sé assurdo che l'Università offra *anche* nozioni di base. Perché mai, infatti, non dovrebbe farlo? Non lo fa forse per moltissime discipline, o si presume che sia indegno degli atenei l'insegnamento dell'*abc*, poniamo, dell'archeologia? Il fatto è che spesso si confondono nozioni di base con *metodi* elementari, e sono questi ultimi che non hanno (*recte*: non dovrebbero avere) diritto di cittadinanza nelle Università. D'altronde, inutile infingere realtà che non esistono: anche se la cosa può ripugnare allo spirito di ogni filologo, la lingua di Goethe è largamente una lingua m i n o r i t a r i a nella geografia scolastica italiana, per non dir nulla dello spagnolo: anche chi avrebbe voluto studiarla non è posto nelle condizioni di poterla studiare, almeno come servizio pubblico. Ne consegue che l'Università ha l'onore e l'onere di colmare tali lacune.

Sia detto con forza che insegnare una lingua straniera non è affatto impresa da dopolavoro, ma presuppone una notevole quantità di competenze scientifiche e culturali, e questo dato di fatto mi pare largamente trascurato, ritenendosi ovvio che ciò che si sa lo si sa altresì insegnare. Mi pare che da ciò dipenda il fatto che il docente universitario di lingua XY non ha un profilo chiaramente percepito. È molto recente l'iniziativa – lodevolissima – del Consiglio Universitario Nazionale (Cun) di distinguere nettamente i raggruppamenti concorsuali di *lingua* rispetto a quelli di *letteratura*, ma la distinzione è tutt'altro che entrata nella coscienza dei colleghi. Probabilmente – e non voglio pensare esclusivamente a ragioni di comodo – lo sgradevole fenomeno è dovuto alla visione strumentale della lingua: la lingua, cioè, *serve* a qualcosa, e questo qualcosa non può essere pensato nelle aule universitarie come il fenomeno triviale di come si fa a chiedere una stanza a due letti e doccia; se dunque il fine supremo è quello di esprimere paradigmi etici e visioni del mondo (cioè, nell'accezione corrente, la «letteratura»), è pretestuoso distinguere tra lingua e letteratura. Si studierebbe lo scalpello con Michelangelo? Inutile insistere su quelle che sono state le esperienze fatte da quasi ognuno di noi, ma voglio dire che spesso le commissioni di concorso hanno mostrato un sovrano disinteresse non solo nella valutazione di quelli che avrebbero dovuto essere i titoli *specifici* dei candidati ai concorsi di «lingua», ma altresì nei confronti della competenza *orale* nella lingua messa a concorso: che ci attendiamo dall'insegnamento di colleghi selezionati su questi presupposti? Naturalmente questa situazione, fortunatamente non frequentissima, è essenziale per il perpetuarsi di categorie mal definite, sottopagate, spesso sfruttate ed altrettanto spesso malissimo selezionate come quella dei lettori.

A dire il vero, talora gli stessi colleghi di lingua mostrano al fondo nostalgie per il Paradiso perduto; a mio avviso, e spero che non si tratti di pura malignità, ciò si evidenzia attraverso la tendenza al «corso monografico», che mi pare un'affermazione implicita di identità, di riaffermazione di «pari dignità» con altri colleghi umanisti, nel mentre si lascia ad altri l'oscura lotta contro congiuntivi e discorso indiretto. Ho detto sopra che presentare ed insegnare una lingua sono imprese molto impegnative, e la ricchezza ed articolazione del metodo adoperato è in sé una prova di scientificità, che non abbisogna di alcuna conferma; non è forse vero che esistono modi molto diversi di affrontare una tematica e che le più aspre discussioni tra studiosi avvengono proprio su questioni di metodo, dalle quali - giustamente - si ritiene dipendano i risultati ottenuti? Chi copre l'insegnamento di Analisi matematica o di Geometria analitica riserva ai laureandi l'esegesi approfondita di aspetti particolari, non a chi affronta il corso per essere formato.

Orbene, è mio convincimento che per presentare e capire davvero le problematiche di una lingua è necessario essere *linguisti*, non letterati *in pectore*, non genericamente interessati di didattica: una dizione disciplinare come «Lingua e linguistica XY» potrebbe sin d'ora contribuire all'opera di disambiguazione. Se c'è qualcosa che sicuramente manca nei programmi didattici di chi studia lingue straniere (e ciò si riflette anche più in generale) è la dimensione specificamente linguistica, sia teorica che applicata, ed è difficile sostenere che l'indirizzo glottodidattico delle tabelle della Facoltà di Lingue sopperisca alle esigenze in questione.

Capisco bene che la rivendicazione concorsuale della linguistica potrà ingenerare sospetto, ma la posta in gioco è troppo grossa per inutili esercizi retorici; sul tema delle lingue si gioca la possibilità dell'Università italiana di continuare a restare in Europa.

La strutturazione dell'insegnamento linguistico all'Università

di *Alberto Destro**

Questo intervento si collega direttamente con quello di Franco Crevatin (in questo volume), di cui ripercorre alcuni argomenti, e vuole mettere a fuoco due punti. Il primo è questo. Normalmente si parla di lingua e si presuppone una contrapposizione tra lingua e letteratura. La cosa ha naturalmente molti motivi, la storia dell'Università italiana documenta abbondantemente questo dualismo. A me pare tuttavia che debba venire introdotto almeno un altro elemento, un terzo termine. Sottolineo l'«almeno», in quanto si tratta qui di una schematizzazione e sarebbe facile differenziare il discorso ulteriormente. Mi riferisco agli insegnamenti di Economia e Commercio e di Scienze Politiche.

Io so benissimo che in giro per l'Italia in alcune sedi questi insegnamenti hanno un livello assolutamente invidiabile. Non dico questo per una banale *captatio benevolentiae*, ma perché tutti sappiamo che così è, come del resto sappiamo che altrove il loro livello non è altrettanto positivo, e che spesso essi sono affidati a colleghi che in realtà non ne avrebbero nessuna voglia e che si sono assunti questo compito vuoi perché non hanno trovato «di meglio», vuoi perché comunque un po' costretti dalle circostanze, in forma di supplenza, affidamento a vario titolo ecc. Spesso, insomma, la situazione istituzionale di questi insegnamenti è estremamente carente.

Questo ha conseguenze anche sulla qualità dell'insegnamento. Una persona che impartisce un insegnamento non per sua scelta, non – se vogliamo usare una parola un po' grossa – per vocazione, ma per necessità o per circostanze occasionali, difficilmente renderà al meglio. Ora, a mio parere, questi sarebbero invece insegnamenti di estremo in-

* Forlì.

teresse. Io sono nato accademicamente «letterato» e a tutt'oggi non soffro di nessuna crisi di identità, ma non esito a dire che un buon insegnamento di lingua a Economia e Commercio o a Scienze Politiche non ha nulla da invidiare, o – detto altrimenti – non è affatto meno importante per il «sistema Paese» di un insegnamento di lingua e letteratura, perché esso serve alla qualificazione internazionale di quadri dell'economia e dell'amministrazione che difficilmente si possono considerare meno importanti dei quadri docenti, che costituiscono il «prodotto» più normale delle facoltà umanistico-letterarie. Anzi, direi che si tratta di un tipo di personale di cui il paese avrebbe estremo bisogno.

Se questo è vero, allora bisogna intendersi bene su quali sono gli scopi di questo insegnamento. Ora, a parte singoli esempi in contrario che esistono, occorre dire che troppo spesso questi insegnamenti si limitano a livelli molto, molto bassi. Dico questo per esperienza anche diretta. Esistono facoltà del tipo di cui stiamo parlando, cioè di Economia o di Scienze Politiche, dove questi insegnamenti sono considerati una sorta di *sine cura* da parte degli studenti e in genere si superano veramente con molto poco, con un paio di settimane di testi leggiucchiati alla bell'e meglio, sui quali si riferisce all'esame in maniera molto approssimativa. So di non dire nulla di nuovo, ma mi parrebbe necessario avviare su questo punto una riflessione seria e approfondita, che però dovrebbe raggiungere proprio i colleghi più difficili da raggiungere, e cioè quelli particolarmente demotivati. Ho avuto recentemente una discussione con una collega di una sede piuttosto periferica che, proprio perché era l'unica docente di tedesco *in loco*, era stata necessitata ad assumersi anche l'insegnamento di lingua a Economia e a Scienze Politiche, e non dirò che bestemmiava su questo obbligo, dato che si tratta di una persona bene educata e aliena da espressioni volgari, ma si rivelava quanto meno decisamente poco motivata. Ora, malgrado si trattasse di persona molto preparata e in particolare linguisticamente di altissima qualificazione, tutto lasciava pensare a una qualità scadente del suo insegnamento, perché appariva evidente quanto poco la interessasse questo tipo di lavoro.

D'altra parte, se ci guardiamo intorno, troviamo che nelle facoltà di tipo non umanistico-letterario la frequenza con cui questi insegnamenti sono tenuti per supplenze o affidamenti è semplicemente scandalosa. Uno dei miei sogni sarebbe che improvvisamente tutti questi colleghi che si trovano a tenere questi insegnamenti per forza, rinunciassero alle supplenze e agli affidamenti in modo che le facoltà si trovassero improvvisamente davanti alla necessità di ricoprire questi insegnamenti non surrettiziamente, non con «pezze» su strappi insanabili, ma risolvendo il problema come dovrebbe essere, con normali posti di ruolo. Nella mia Università recentemente un collega molto autorevole si stracciava pubblicamente le vesti perché una facoltà non letteraria aveva «sprecato» una cattedra di seconda fascia per inglese, quando ovviamente a suo parere c'erano tante materie ben più importanti cui provvedere. Forse se quella facoltà improvvisamente rimanesse senza supplenti e dovesse però far fronte ugualmente a insegnamenti comunque obbligatori, qualcuno si sveglierebbe o aprirebbe gli occhi e si renderebbe conto che la situazione richiede interventi diversi.

Ora è da dire che qualche cosa di questa situazione forse va imputato anche a noi, alla maniera cioè in cui qualcuno di noi ha guardato soprattutto nel passato (oggi la cosa diventa sempre più difficile) a questi insegnamenti come insegnamenti di «serie b», accettando di fatto i termini riduttivi con cui le facoltà interessate li hanno spesso concepiti. Tant'è vero che nella cultura italiana fa fatica ad entrare un concetto che in altri paesi è abbastanza corrente come quello degli *area studies,* che sono studi di grandissima rilevanza e di grandissima importanza formativa, anche se in essi lo statuto epistemologico appare abbastanza indefinito e in particolare la dimensione letteraria, pur di norma presente, non ha assolutamente il ruolo centrale che le compete nelle facoltà di tipo strettamente letterario. Una configurazione più diffusamente consapevole degli studi linguistici nelle facoltà di Economia e Commercio e Scienze Politiche in questa chiave, in chiave cioè di *area studies*, sarebbe di estrema importanza.

Secondo me però ciò richiede che si concordi sul fatto che non importa tanto fornire all'economista in formazione una dose di lingua specifica, di terminologie economiche o finanziarie ecc. Nella misura in cui ne abbia bisogno se le può procurare da solo. Importante è che egli invece abbia una formazione linguistica solida che faccia capo a una conoscenza approfondita della realtà culturale di quei paesi, che non è certo solo quella letteraria, ma anche quella economica, sociologica, storica, giuridica, politologica ecc.

Il livello al quale spesso si colloca la considerazione dello studio delle lingue, non beninteso da parte nostra, ma da parte di colleghi di altre facoltà, minaccia altrimenti di essere sempre quello strumentale, ma nel senso più banale. Anche qui è inutile soffermarsi a citare episodi, ciascuno di noi nella sua vita professionale ne ha certamente fatto una raccolta cospicua. È uno dei punti sui quali, quando mi trovo a discutere con colleghi di diverse facoltà, viene fuori più immediatamente la differenza e l'incompetenza disciplinare. Il fatto è che, come tutti sanno parlare, così tutti ritengono di sapere cos'è una lingua e tutti si sentono in diritto di pontificare su di essa nei modi più banali e inaccettabili.

I termini in cui si sente parlare della lingua da parte di colleghi di facoltà scientifiche o tecnologiche è troppo spesso un enorme impoverimento di qualsiasi concezione praticabile della lingua, è una sua riduzione a un giochino morfosintattico e lessicale per decifrare un qualche testo che altrimenti risulta oscuro. Non si va molto più in là. È chiaro che a una concezione di questo genere non ci possiamo assolutamente adattare.

È stato ricordato come a questa situazione già non soddisfacente sia stato inferto un ulteriore colpo che minaccia di avere conseguenze disastrose laddove è stato deciso nella tabella unica nazionale che le facoltà di Economia e Commercio «possono» organizzare insegnamenti linguistici. Questo è semplicemente rovinoso, è frutto di una incultura da parte di chi ha promosso questa formulazione che non si può non denunciare apertamente. Un atteggiamento culturale così retrivamente chiuso, ignorante di quella che è la circolazione mondiale in qualsiasi campo scientifico risulta naturalmente inaccettabile. Ma alla radice di questo provvedimento c'è a parer mio qualcosa d'altro.

C'è la difficoltà in cui si trovano numerose facoltà di questo tipo a far fronte agli insegnamenti linguistici, proprio perché decenni di incuria li hanno ridotti ad insegnamenti assolutamente marginali, tenuti su a forza di supplenze talora spericolatissime. Conosco casi di persone in età di pensione già da vari anni, costrette a tenere insegnamenti ufficiali solo perché la facoltà non ha saputo, o non ha voluto, trovare di meglio, e cioè non ha voluto mettere a disposizione posti di ruolo per gli insegnamenti di lingua. Adesso, di fronte a questa situazione, invece di scegliere la soluzione giusta, e cioè un potenziamento adeguato, si è scelta la fuga dalle materie linguistiche, formulata come non obbligatorietà, facoltatività dei relativi insegnamenti.

Tutto questo discorso, comunque, se ce lo facciamo tra di noi, ha il senso di uno sfogo di qualche frustrazione che ciascuno ha accumulato nel corso della sua carriera di studioso di lingue, mentre acquista il suo vero senso se esce da qui, se cioè si riesce a farlo arrivare ad altri che di questi problemi non hanno, sovente perché non vogliono averla, conoscenza e competenza adeguata. In ultima analisi, allora, il discorso deve diventare politico, deve raggiungere le sedi delle decisioni po litiche.

L'altro punto che volevo toccare è imparentato con il primo. Si tratta anche qui di un discorso di strutture dell'insegnamento linguistico. Nel 1980 (ma la cosa risaliva agli anni precedenti) ci hanno detto che occorreva arrivare a 250 studenti per poter sdoppiare un insegnamento. Oggi ci viene detto che 250 studenti costituiscono la soglia oltre la quale *bisogna* sdoppiare. Ora, giocando un poco con i numeri, si potrebbe un po' polemicamente dire che nel campo delle lingue la soglia dello sdoppiamento in realtà dovrebbe essere non quella di 250 ma di 25. Chiaramente questo non significa un posto di professore ogni 25 studenti, ma sappiamo che già con classi di questo numero si lavora con qualche affanno, e che al di sopra di esso non si lavora più. Anche questo è uno dei punti in cui il discorso si fa eminentemente politico. Si tratta di una questione di ripartizione di risorse.

Chiunque abbia avuto qualche esperienza di gestione di strutture universitarie sa quanto il problema sia pesante, anche rispetto al Ministero dell'Università, che dovrebbe avere conoscenza di questi ordini di grandezze, e di come sia sempre difficile discutere con i funzionari quando si arrivi a parlare di numero degli insegnanti di lingua. Ora, deve entrare nella cultura del paese (uscendo dal giro degli «addetti ai lavori») la consapevolezza che l'insegnamento delle lingue è un insegnamento ad alta densità di personale docente. Se si intende avere un insegnamento linguistico in qualche maniera efficace, non si può non avere un numero enorme di insegnanti.

Il confronto con altre discipline non sta in piedi, specialmente quello con altre discipline di tipo umanistico, per le quali è possibile adottare un insegnamento frontale in cui il numero degli uditori è quasi irrilevante. Ora è chiaro che qui ci sono tante approssimazioni diverse, si presentano tante realtà diverse, ma è certo che spesso si riescono a gestire anche lezioni di letteratura o di storia molto numerose. Nel campo delle lingue assolutamente no.

Questa condizione dell'insegnamento linguistico, che richiede di necessità un numero limitato di interlocutori, è poi da tenere presente di pari passo con un altro discorso, non meno importante e anch'esso assolutamente non recepito. Nessuno ha dubbi che in una facoltà di matematica debba esistere un professore per analisi 1 e un professore per analisi 2, a nessuno viene in mente che lo stesso professore debba tenere entrambi questi insegnamenti, mentre appare ovvio che nelle facoltà letterarie (dove pure di norma la situazione è meno drammatica che a Economia o a Scienze Politiche) un professore debba coprire quattro anni di lingua e letteratura. In altre parole, il problema della progressione, la necessità che gli insegnamenti linguistici vengano tenuti in relazione ai vari livelli, è una questione che fatica a «passare», e anzi proprio non emerge nella consapevolezza comune, e questo anche nella cultura di molti ministeriali, che per altro dovrebbero essere informati appieno su queste realtà. Succede allora che un professore che abbia un traguardo in buona sostanza così impossibile, che debba sbrigarsela con il compito di tenere insegnamenti per livelli che vanno da zero a non si sa bene dove (non è definito un livello di arrivo), di fatto si livelli al basso. Offra cioè corsi che siano agibili anche a studenti principianti. Quanto meno costui offrirà corsi esclusivamente in italiano, altrimenti escluderebbe dalle sue lezioni tutti i livelli inferiori. Ed è una cosa, questa, per la quale uno non solo deve combattere con il cosiddetto superiore Ministero, ma che poi si trova anche rinfacciata, quando va a confrontarsi con realtà di altri paesi stranieri. Io non so se sia vero che all'estero quanto a conoscenza delle lingue non stanno davvero molto meglio di noi.

La mia esperienza è leggermente diversa e direi che esistono parecchi paesi europei che stanno decisamente meglio di noi quanto a conoscenza diffusa delle lingue straniere. Noi non dovremmo naturalmente guardare ai paesi che hanno gli stessi nostri problemi, io preferisco guardare a quelli che stanno un passo più avanti. Ora in questi paesi è norma che gli insegnamenti linguistici nelle facoltà letterarie vengano svolti, quanto meno ai livelli avanzati (terzo e quarto anno) nella lingua straniera. Anche questo è un campo in cui parecchio ci sarebbe da dire, ma basti qui aver rilevato che spesso la scelta dell'insegnamento in italiano è dettata dalla necessità di rivolgersi contemporaneamente a studenti di vari livelli.

Il sistema universitario sconta in qualche maniera difficoltà che provengono dal basso come dall'alto. Dal basso per una scolarizzazione qualche volta insufficiente (non bisogna generalizzare al negativo, ma talora la scolarizzazione linguistica è effettivamente insufficiente).

Sconta però anche insufficienze dall'alto, nel senso (malgrado le proclamazioni contrarie) di un reale non-interesse del paese per l'apprendimento linguistico. Un dato che mi ha molto colpito, pur se non attiene soltanto all'insegnamento delle lingue, ma che per quanto ci riguarda avrà certamente una ricaduta molto dura su tutti i nostri insegnamenti, è che in questo anno accademico sono stati autorizzati dal Ministero oltre 150 nuovi corsi di laurea.

Il bilancio del Ministero per l'Università e la Ricerca Scientifica e Tecnologica, però, è rimasto sostanzialmente uguale a quello dell'anno scorso. Che cosa questo possa significare, ad esempio in termini di ripartizione di risorse per lettori o professori a contratto (come ben sappiamo rientranti nello stesso capitolo di bilancio), ognuno di noi se lo può ben immaginare. Ci si trova stretti in questa realtà. Ma tutti i discorsi che si possono fare al proposito vanno certo fatti, ma ben ad alta voce e soprattutto ad un pubblico più vasto.

Certo, è bene chiarirci le idee anche tra di noi, ma è soprattutto fuori che occorre portare le riflessioni di fondo proposte al nostro interno.

Prospettive di sviluppo dei centri linguistici

di *Rema Rossini Favretti**

1. Introduzione

Considerare oggi le prospettive di sviluppo dei centri linguistici italiani costituisce una sfida alle nostre possibilità di analisi e di programmazione.

Da un lato, infatti, si evidenzia la necessità di proiettare l'analisi in una dimensione europea, considerando la funzione che i centri possono svolgere sia a livello di preparazione dello studente comunitario sia nel processo di integrazione e di cooperazione fra le diverse istituzioni.

Dall'altro, mi sembra che una programmazione didattica e scientifica improntata ad una collaborazione internazionale non possa prescindere dalla valutazione dell'apporto che può essere fornito dalle nuove tecnologie, per le potenzialità didattiche che queste presentano e, in particolare, per le possibilità di comunicazione che forniscono.

Per quanto concerne il primo punto, un importante riferimento è certamente dato da «Cercles» – Confédération Européenne des Centres de Langues dans l'Enseignement Supérieur. L'associazione, costituita a Strasburgo nel luglio 1991, ha già promosso un primo convegno a Bordeaux nel settembre 1992, su un tema generale, significativo per questa nostra riflessione, «Des centres de langue universitaires. Pour quoi faire?/Pour y quoi faire?»

Una riflessione sulla funzione che nei prossimi anni i centri linguistici possono svolgere nell'Università italiana appare oggi preliminare a qualsiasi programmazione di sviluppo. In particolare sembra cruciale e prioritario fornire risposte ad alcuni quesiti. I centri linguistici hanno la capacità di far fronte alle richieste di apprendimento linguistico? Se si ritiene di potere dare una risposta affermativa a questa prima domanda, occorre stabilire, sulla base dell'esistente, in che modo è

* Bologna.

opportuno procedere per definire almeno alcune linee di tendenza primarie che possano contribuire ad una programmazione in certo modo coerente ed organica.

Un altro punto. L'elevato livello di sofisticazione raggiunto dalle nuove tecnologie, ed insieme la semplificazione che queste presentano nel rapporto con gli utenti, possono agevolare ed accelerare la tendenza dei centri linguistici ad operare come sistemi integrati, attivando le procedure che favoriscono l'interazione sia fra i centri linguistici dislocati in diverse realtà territoriali sia fra il centro e la sua realtà territoriale. Spetta a noi definire quale privilegiare, in quale momento, secondo quale scala di gradualità.

2. I centri linguistici nell'Università italiana

I centri linguistici italiani presentano alcuni tratti caratterizzanti che mi sembra opportuno sottolineare. In primo luogo, l'ambito universitario in cui sono sorti ed in cui esplicano la loro attività. Pur nella realtà diversificata della loro costituzione e della loro organizzazione, tutti i centri linguistici - interdipartimentali o interfacoltà - sono regolati dalla normativa universitaria; costante nei centri di nuova costituzione è il riferimento all'art. 89 o all'art. 90 della legge 382. Tutti i centri vedono nel loro comitato direttivo generalmente un comitato tecnico-scientifico con la presenza dei rappresentanti di tutte le facoltà dell'ateneo di appartenenza e sono diretti, o presieduti, da un professore universitario. L'attività didattica è rivolta agli studenti ed al personale dell'ateneo. Questa stretta connessione fra il centro e l'ateneo, il costituirsi e l'evolversi dei centri come istituzioni universitarie, differenzia l'attività e le prospettive dei centri linguistici italiani rispetto a quelle di numerosi centri linguistici europei. Ne precisa gli obiettivi e, come cercherò di considerare più dettagliatamente in seguito, le politiche di programmazione.

Un secondo tratto caratterizzante è dato dal grande numero di utenti. Questi sono studenti adulti, provenienti dalla scuola secondaria con livelli di competenza diversificati. Infatti, nonostante l'impegno profuso nell'insegnamento linguistico e gli sforzi operati, nella scuola secondaria inferiore e superiore, per giungere alla definizione di un *curriculum* soddisfacente, un'alta percentuale di studenti si iscrive all'Università con la conoscenza, ad un basso livello di competenza, di una sola lingua straniera.

La prospettiva di un plurilinguismo dello studente comunitario, prefigurata a Maastricht, appare ancora lontana.

A livello universitario, pur essendo impartito l'insegnamento ai livelli intermedi ed avanzati, resta centrale l'apprendimento linguistico di base. La didattica è necessariamente articolata a più livelli (otto per la lingua inglese presso il Cilta [Centro Interfacoltà di Linguistica Teorica e Applicata «L. Heilmann»] di Bologna).

Per rispondere adeguatamente alle diverse esigenze comunicative degli studenti italiani la programmazione costituisce nei centri un momento fondamentale dell'attività. A queste vanno aggiunte, oggi, quelle degli studenti stranieri per la crescente richiesta di insegnamento dell'italiano come lingua straniera, che nei centri potrebbe trovare una risposta sistematica e metodologicamente fondata.

Nell'attuale situazione di mobilità degli studenti e dei ricercatori fra i vari atenei ed i vari centri di ricerca europea, una programmazione, anche curricolare, nella didattica delle lingue straniere, deve costituire un obiettivo comune, e coordinato, dell'insegnamento secondario ed universitario.

In questo quadro si precisano alcuni dei ruoli che possono essere svolti dai centri linguistici, in considerazione anche del loro terzo tratto comune caratterizzante. Questo è dato dalla presenza di attrezzature didattiche: laboratori linguistici, sale di informatica, elaboratori, aule multimediali, impianti di riproduzione e simili. L'applicazione delle nuove tecnologie alla didattica delle lingue appare una scelta comune a tutti i centri linguistici siano questi di più antica data come il «Centro di Linguistica teorica e applicata 'L.Heilmann'» di Bologna o in via di costituzione, come avviene in numerose sedi universitarie.

L'utilizzo delle tecnologie televisive e dell'informatica consente di fare fronte alle diverse esigenze comunicative ed alle diverse richieste degli utenti dei centri, articolando percorsi di apprendimento e di auto-apprendimento.

Offre l'opportunità di rinforzare ed approfondire quanto appreso nei corsi e di seguire percorsi guidati di auto-apprendimento, raggruppati secondo precisi centri di interesse e modulati secondo diversi livelli di competenza.

In particolare, l'applicazione delle nuove tecnologie alla glottodidattica ha portato a precisare, come considererò successivamente, al § 3, percorsi di apprendimento multimediale. Per affrontare il problema nella pluralità degli aspetti implicati, vorrei prima fare alcune brevi osservazioni sui rapporti fra tecnologie e processi di formazione linguistica.

3. Tecnologie ed apprendimento linguistico

Affrontare il tema nella sua accezione generale implica un'analisi degli apporti che alla glottodidattica sono derivati, o possono derivare, dalle recenti realizzazioni nel settore delle tecnologie televisive e dell'informatica.

Non considererò i laboratori linguistici nonostante l'importanza del loro apporto all'attività dei centri. Tradizionalmente utilizzate, esse presentano oggi, per le più recenti innovazioni, un'operatività semplificata e velocizzata e, allo stesso tempo, maggiori possibilità di articolazione didattica per l'espandibilità dei sistemi attraverso la combinazione con apparecchiature diverse. Ma un'analisi delle procedure utilizzabili nei laboratori supera l'ambito di questo intervento, in cui mi limiterò a fare riferimento ad una ormai consolidata bibliografia sull'argomento ed al contributo che, in questa direzione, può venire da una pratica più che ventennale. Preferisco qui focalizzare i diversi rapporti che le nuove tecnologie possono instaurare fra il sistema di insegnamento ed il sistema di apprendimento e, in particolare, l'importanza che assume la descrizione e l'utilizzazione dei vari *corpora* ai fini della formazione dello studente adulto.

Da un lato, quindi, un'analisi valutativo-pedagogica delle potenzialità didattiche dei mezzi audiovisivi ed informatici. Dall'altro, una descrizione analitica ed una valutazione pedagogica dei linguaggi che nei *media*, ad esempio nella televisione, si manifestano. È un percorso obbligato nella duplice direzione, anche se finora si sono considerati principalmente gli effetti che l'impiego delle attrezzature elettroniche può avere sul sistema di insegnamento e sul sistema di apprendimento, lasciando generalmente in secondo piano invece l'analisi della comunicazione verbale quale si realizza e si manifesta, ad esempio, nella molteplicità di segni che caratterizza il linguaggio televisivo.

Importa poi sottolineare come il livello raggiunto dalle tecnologie in uso contribuisca ad un'identificazione sempre più precisa delle procedure di apprendimento e come, allo stesso tempo, questo porti ad un lavoro di analisi, e di controllo, degli strumenti e delle tecniche più atte a facilitare gli itinerari di formazione linguistica degli utenti e la capacità di gestione degli strumenti. Un punto importante. Questa capacità, particolarmente nell'aula multimediale, deve essere sviluppata in parallelo alle possibilità ed alle capacità di apprendimento.

La congruenza fra lo strumento e l'applicazione specifica può dirsi predeterminata, scriveva L. Heilmann nel 1981, «sul versante didattico tutto quanto la tecnica ci fornisce per ricostruire e presentare parzialmente (magnetofono, immagine statica e simili) o integralmente (immagine in movimento e voce) l'evento linguistico, assume un'importanza fuori di ogni discussione».

In questo quadro risulta particolarmente rilevante analizzare l'apporto che le attrezzature, nella loro specificità e nell'insieme delle relazioni e delle combinazioni che si stabiliscono, possono dare ai vari momenti della formazione linguistica. Ma condizione necessaria di questo procedere appare un lavoro costante di *équipe*, un rapportarsi del docente agli altri docenti ed agli studenti, in un lavoro ininterrotto di programmazione, di verifica, di riflessione.

Su questo punto vorrei portare ad esempio l'esperienza del centro di Bologna, il Cilta Nella situazione didattica del Cilta risulta una componente basilare, oltre allo svolgimento dei corsi estensivi, la funzione svolta dalle aule multimediali e, in stretta connessione, dal «laboratorio di informatica», costituito da una «sala informatica» per studenti e da un «Software Development Studio». Nella «sala informatica» si trovano elaboratori in un numero per ora, in via sperimentale, limitato a sei ed un lettore di videodischi *multistandard*. Gli elaboratori sono collegati in rete allo studio di sviluppo di *software*, in cui trovano collocazione un elaboratore, collegato a stampante laser, uno *scanner* ed un lettore di videodischi, interattivo con la rete informatica, per la progettazione, lo sviluppo e la realizzazione di *software* didattico, destinato all'uso nella sala informatica e nelle aule multimediali.

Sfruttando le possibilità offerte dalle moderne tecnologie *hardware* e *software*, sono programmati percorsi di utilizzo diversificati a seconda delle diverse esigenze degli utenti. Ad esempio, secondo un percorso largamente utilizzato - che prevede l'uso integrato del videoregistratore e dell'elaboratore - gli studenti sono avviati ad usare moduli elaborati dai docenti, secondo il formato richiesto dal programma base preparato nello studio di sviluppo di *software*. Ogni insegnante può elaborare questi moduli, sia a rinforzo dei programmi svolti in aula sia come introduzione di nuovo materiale, mirato per fruitori con interessi più specifici. Questo servizio fornisce materiale per più livelli - otto al momento attuale - delle sei lingue insegnate al Cilta Seguendo altri percorsi, invece, sono previsti itinerari guidati di auto-apprendimento, articolati secondo vari livelli di competenza, sviluppati intorno a diversi centri di interesse. Sono forniti sistemi di valutazione che consentono all'utente di giungere ad un controllo e ad una progressione autonoma ed autogestita dell'apprendimento. In particolare, si sono elaborate procedure che consentano di ricorrere allo strumento che meglio si adatta alle diverse fasi dell'apprendimento delle singole lingue.

Nella progettazione metodologica della «sala informatica» e delle aule multimediali si è data la possibilità allo studente di passare attraverso codici e mezzi diversi per sviluppare e rafforzare le proprie competenze. Indicativi, in questa direzione, saranno i risultati della sperimentazione, in via di completamento presso il Cilta, sull'uso dei videodischi interattivi, che consentono allo studente, tramite programmi sugli elaboratori, d'interagire con il testo del videodisco. Il progetto e il coordinamento di questo studio sono dovuti principalmente all'impegno pluriennale del Dott. Jared Weinberger.

Non mi sembra necessario rilevare l'importanza che l'elaborazione di tecniche di interazione viene ad assumere nella progettazione e nella programmazione dell'attività del centro e, allo stesso tempo, le profonde trasformazioni che tecniche appropriate possono portare nell'apprendimento e nell'insegnamento che si realizza nei centri.

4. L'attività dei centri: progettazione e programmazione

Inevitabilmente, al funzionamento del centro è connesso un insieme di scelte funzionali, di proposte, che derivano da un quadro metodologico e didattico che occorre elaborare e programmare. Le ragioni e le connessioni possono essere esplicitate o restare implicite e trovare giustificazione, ad esempio, nelle decisioni di un comitato tecnico–scientifico, ma la loro presenza è fondamentale.

Si evidenzia qui un problema che grava da anni sulle discipline linguistiche e sull'attività dei centri linguistici in particolare. La difficoltà di inserire una programmazione seria e metodologicamente fondata nell'attuale quadro normativo.

Per questo non sembra proficuo porre la domanda se nei centri linguistici l'insegnamento debba essere visto solo negli aspetti pratici e strumentali. Come si è ripetutamente osservato, risulta limitativo considerare il centro esclusivamente per le possibilità in questo insite di razionalizzare l'uso delle risorse umane e dei materiali disponibili.

Su questo punto vorrei mettere in rilievo un aspetto dell'attività che solo recentemente è divenuto oggetto di riflessione. Non si può dimenticare che il funzionamento dei centri si basa su una programmazione organizzativa, fondata su una ricerca applicata, o meglio su una ricerca didattica articolata a vari livelli, e svolta, all'interno del centro in una pluralità di rapporti – fra docenti, fra docenti e studenti, fra il centro e l'ateneo, fra il centro ed il territorio, fra i centri che lavorano nel più ampio ambito della ricerca linguistica, a livello nazionale ed internazionale.

Il centro opera ed opererà costantemente sequenze di scelte, determinanti nella definizione e nell'articolazione dei corsi che vengono impartiti, dei percorsi formativi che vengono delineati. Scelte cruciali per la sua strutturazione e la sua attività. In questo senso, parlare di ricerca è inevitabile. Una ricerca non teorico-speculativa, ma finalizzata alla didattica, ai corsi impartiti, agli studenti che li seguono. Una ricerca didattica, come si è detto, e organizzativa.

È un percorso che è stato seguito finora da tutti i centri che hanno cercato di far fronte alle esigenze degli studenti del loro ateneo coordinando un insieme di variabili - metodologiche didattiche, tecniche. È un percorso che non si può improvvisare, che occorre sistematizzare pragmaticamente. In particolare ora, poiché con il precisarsi ed il confrontarsi delle esperienze e l'espandersi del mercato, diventerà pressoché impossibile procedere su base intuitiva. Sarà necessario valutare criticamente le variabili, sistematizzare l'attività attraverso la sequenzialità dei processi di scelta. Come avviene in ogni organizzazione, l'attività del centro si basa su scelte sequenziali determinate da un'analisi dei servizi forniti ai fruitori, reali o potenziali, di tali servizi.

In una prima fase di riflessione e di analisi può essere opportuno considerare l'attività del centro sulla base del processo di pianificazione e di realizzazione che in questo si svolge, come in qualsiasi organizzazione. Considerata la nostra situazione attuale, si vedrà come un momento preliminare, ed essenziale, che a breve termine si possa giungere ad offrire servizi che abbiano un carattere sistematico, valutati non nella somma delle componenti, ma nell'interazione che fra le componenti si stabilisce.

Si vedrà come la definizione delle esigenze e dei bisogni dei fruitori dei nostri servizi porti a concepire e ad elaborare servizi e prodotti che soddisfino quelle esigenze. Si vedrà come si pianifichino e realizzino servizi sulla base di coordinate prefissate e finalizzate ad un obiettivo.

Secondo la disponibilità del materiale di partenza, di persone e di attrezzature, si potrà decidere di utilizzare materiali didattici già in commercio o elaborati dal centro stesso. Non mi sembra questo il problema, anche se credo che i centri linguistici potrebbero costituire una delle sedi più idonee per l'elaborazione e la valutazione delle procedure di apprendimento e delle strategie di insegnamento. Ne avrebbero la possibilità.

Nei centri potrebbe avere luogo, inoltre, come ho rilevato precedentemente, un'analisi dei vari *corpora* linguistici che con le nuove tecnologie si costituiscono. E, per soddisfare le richieste emerse con l'elaborazione, presso i centri, delle prove di accertamento della conoscenza linguistica degli studenti in cui l'insegnamento della lingua straniera non sia previsto, in tempi brevi, si potrebbe configurare l'opportunità di una riflessione sul linguaggio scientifico. Varie saranno le componenti implicate ed i problemi che potranno porsi dal punto di vista istituzionale ed organizzativo. Ma contributi pregnanti potranno venire ai fini di una riflessione linguistica, sistematica e critica.

Concludendo questa breve panoramica sulla situazione dei centri linguistici italiani, vorrei sottolineare come emergano con sufficiente chiarezza alcune indicazioni che si inseriscono in un quadro di riferimento coerente. Entro questo quadro si vede come una risposta alle esigenze attuali possa venire solo in riferimento alla pluralità delle componenti implicate nello svolgimento dell'attività dei centri ed in considerazione delle interazioni che fra queste si stabiliscono.

Nella prospettiva delineata si evidenzia la funzione dei centri linguistici ed i servizi che questi possono fornire agli atenei, non solo per l'apporto delle risorse tecnologiche ed informatiche, ma anche per la progettualità didattica e metodologica che nei centri può essere sviluppata. È questa, a mio avviso, la sfida che dovremo affrontare nei prossimi anni in particolare nella dimensione europea che ci attende.

Riferimenti bibliografici

Barret, E. (ed.). 1989. *The Society of Texts*. Cambridge (Mass.), Mit Press.

Carli, A. (ed.). 1992. *Il Testing: proposte e materiali*. Trento, C.i.a.l.

Cecioni, C.G. (ed.). 1988. *Autonomy in Foreign Language Learning*. Firenze, Centro linguistico di Ateneo, Università di Firenze.

Cecioni, C.G./Cheselka, C. (eds.). 1989. *The Teaching of Foreign Languages in European Universities*. Firenze, Centro linguistico di Ateneo, Università di Firenze.

Heilmann, L. 1981. *Audiovisivi e didattica delle lingue*. In: *Ruolo dei centri audiovisivi universitari nella didattica e nell'educazione permanente*. Regione Lombardia, Istruzione, usi e documenti. Quaderno n. 81.

Porcelli, G. 1988. *Computer e glottodidattica*. Padova, Liviana.

Rossini Favretti, R. (ed.). 1992. *Il computer nell'apprendimento e nell'auto-apprendimento linguistico*. Bologna, Monduzzi.

Criteri per l'allestimento dei materiali per l'apprendimento in un centro linguistico

di *Maurizio Gotti*[*]

1. La tipologia dei materiali

Per stabilire una tassonomia accurata dei materiali disponibili presso un centro linguistico universitario si può ricorrere a diversi criteri, che si differenziano fra di loro a seconda del parametro che si prende come punto di riferimento. Una prima suddivisione si può operare in connessione al fatto che i materiali didattici siano collegati o meno ai corsi di lingue impartiti nelle varie facoltà di un'Università. Adottando questo criterio si possono avere i seguenti tre tipi di materiali:

1. Materiali per la revisione ed il consolidamento degli argomenti presentati durante le lezioni – Tali materiali contengono in genere esercitazioni connesse allo sviluppo di argomenti trattati nelle lezioni dei corsi impartiti nelle diverse facoltà e sono preparati dai docenti stessi di questi corsi. Oltre alle chiavi risolutive dei vari esercizi, tali materiali forniscono spesso indicazioni per ulteriori attività di approfondimento o revisione.

2. Materiali per la preparazione degli esami – Molti materiali ripropongono i testi usati per le prove degli esami di lingua nei diversi anni di corso delle varie facoltà. Lo scopo di tale riutilizzazione è quello di dare la possibilità allo studente di prendere visione di come è strutturato un certo esame e di quali conoscenze e abilità si devono possedere per superarne le varie parti. Inoltre, tramite l'utilizzazione di tali materiali, lo studente può simulare un esame completo e verificare il pro-

* Bergamo.

prio grado di preparazione nelle diverse prove prima di accedere alla sessione ufficiale. Poiché i materiali di questo tipo sono tratti da esami già effettuati, il grado di difficoltà - e quindi il risultato - delle prove «simulate» è attendibile e può, in alcuni casi, evitare un insuccesso parziale o addirittura totale per quegli studenti che vogliano individuare le loro eventuali lacune con una certa metodicità.

3. Materiali per una preparazione autonoma più generale - Gli altri materiali solitamente a disposizione in un centro linguistico universitario sono finalizzati a una preparazione linguistica più generale degli studenti e non sono condizionati da un particolare programma di studi. Lo studente utilizza i vari materiali proposti per effettuare dei percorsi didattici di tipo personalizzato da lui decisi in piena autonomia, avvalendosi delle indicazioni fornite dalle schede che accompagnano tali materiali ed eventualmente dei consigli e dei suggerimenti del personale che opera nel centro linguistico.[1]

Come è stato ampiamente dimostrato[2], il processo di avviamento all'autonomia abitua gli studenti a diventare più consapevoli dei loro bisogni linguistici, a sviluppare la capacità di operare scelte adeguate e di adottare strategie appropriate; inoltre tale processo rende gli studenti più responsabili delle proprie attività di studio e sviluppa in loro un nuovo atteggiamento psicologico verso l'intero processo di apprendimento delle lingue ed uno stato di minore dipendenza dall'insegnante e dai materiali didattici.

Il concetto di autonomia assume una rilevanza particolare in connessione con gli studi universitari, proprio perché in tale ambito lo studente si trova ad operare scelte quotidiane all'interno di percorsi didattici diversificati. In questo senso un centro linguistico universitario si rivela il luogo ideale per un approccio di tipo autonomo, proprio perché i supporti tecnologici di cui dispone permettono l'effettuazione di attività flessibili, e dunque più idonee ad essere utilizzate in tempi e modi diversi a seconda delle esigenze specifiche dei singoli discenti.

1. È molto importante che presso il centro operino costantemente degli assistenti con funzioni didattiche, che siano in grado di consigliare gli studenti sulla scelta dei materiali, di aiutarli nella predisposizione dei loro programmi individualizzati di lavoro e di fornire loro quelle spiegazioni e correzioni che possono essere loro necessarie.

2. Sull'utilità dell'adozione di un approccio autonomo nell'apprendimento di una lingua straniera cfr., tra gli altri, Brookes/Grundy (1988), Cecioni (1989), Dickinson (1987), Harding-Esch (1976) e Holec (1981).

Inoltre, la possibilità di esercitarsi autonomamente in un centro linguistico permette agli studenti universitari, che hanno spesso problemi di accavallamento di lezioni e di impossibilità quindi a frequentare le varie esercitazioni linguistiche impartite dalla propria facoltà, di costruirsi un piano orario individuale utilizzando in maniera proficua quelle ore libere che possono presentarsi nell'arco delle giornate trascorse presso l'Università.

Un altro criterio di differenziazione dei materiali usati presso un centro linguistico universitario rispecchia la natura degli stessi in rapporto al materiale su cui sono riprodotti o allo strumento che deve essere utilizzato per consultarli. Seguendo tale criterio, avremo una suddivisione in:

1. Materiali cartacei - Presso il centro possono essere allestite schede contenenti testi ed esercizi per attività linguistiche di svariati tipi, accompagnati in genere dalle rispettive chiavi di soluzione. Solitamente sono inoltre disponibili libri contenenti attività didattiche e testi di riferimento, come grammatiche, dizionari, ecc. Un altro tipo di materiale cartaceo molto utile per lo sviluppo delle abilità linguistiche è quello che include testi di lettura di vario tipo: libri, giornali, riviste, opuscoli, materiale informativo, ecc.

2. Materiali su audiocassetta - Tali materiali contengono la registrazione di testi orali destinati alle attività d'ascolto; i testi possono essere sia scritti appositamente per le attività didattiche che registrati dal vivo nel corso di reali interazioni comunicative.

3. Materiali su videocassetta - Anche i materiali forniti su videocassetta si possono dividere in materiali concepiti specificamente per uso didattico e materiali ideati per altre finalità, ma registrati e riutilizzati per l'apprendimento delle lingue.

4. Materiali su dischetti informatici - L'utilizzazione del computer in campo didattico ha portato all'allestimento di numerosi materiali di tipo informatico, sia finalizzati ad esercitazioni che creati per simulazioni, attività di *problem solving*, giochi, ecc. Un'altra importante applicazione che viene fatta del supporto informatico è quella che permette di utilizzare il computer per costituire delle banche dati contenenti numerosi testi riferiti allo stesso ambito disciplinare. Dette banche permettono agli studenti di consultare vari testi riguardanti uno

stesso argomento o differenti aspetti di questo, utilizzandoli in modi diversi, prendendo appunti da essi, sintetizzandone e unendone varie parti o stendendo delle relazioni e operando dei confronti basati sui testi stessi.

5. Materiali su compact disk (CD-Rom) e videodisco - I materiali riprodotti su compact disk e videodisco permettono di immagazzinare testi più lunghi rispetto agli altri supporti e consentono un accesso ai vari dati in tempi molto più rapidi ed in maniera non sequenziale.

6. Materiali integrati - Dato l'alto grado di integrazione tra i vari strumenti che il livello attuale dello sviluppo tecnologico consente, molti dei materiali disponibili nei centri linguistici sono di tipo integrato. In numero sempre più crescente, infatti, le attività didattiche prevedono l'utilizzazione di strumenti interattivi (audio + computer, videodisco + computer + audio, ecc.) con un conseguente uso integrato di materiali video assieme a quelli audio, accompagnati da adeguati supporti cartacei e/o informatici. Tale integrazione consente un'utilizzazione ottimale delle caratteristiche dei vari strumenti e garantisce una miglior resa in termini di apprendimento linguistico.

Un altro criterio che si può adottare nella differenziazione dei materiali didattici prende in considerazione la finalità didattica per cui gli stessi sono stati allestiti. A titolo esemplificativo si possono menzionare qui le attività principali che comunemente si svolgono in un centro linguistico:

1. Attività di lettura, che propongono brani scelti da diverse fonti, quali libri, quotidiani e riviste, accompagnati da esercizi di comprensione e di approfondimento su particolari elementi lessicali e grammaticali presenti nei testi.

2. Attività grammaticali, quali test a scelta multipla, brani da completare, ecc., forniti di apposite chiavi correttive e talvolta di spiegazioni concernenti i punti trattati.

3. Attività di tipo lessicale, come esercizi, giochi, ecc. che si propongono il rafforzamento delle competenze semantiche e delle abilità d'uso del dizionario.

4. Attività di ascolto, che richiedano la comprensione di dialoghi, an-

nunci ed altri testi orali mediante l'effettuazione dei relativi esercizi di comprensione.

5. Attività di visione di videocassette, basate su materiali di vario genere, quali film, documentari, videoprogrammi preparati appositamente per corsi linguistici, ecc. Tale materiale è in genere corredato da appositi esercizi di comprensione.

6. Attività di visione di programmi televisivi stranieri trasmessi in diretta via satellite.

7. Attività di scrittura, di tipo più o meno guidato, che prendono in genere spunto da testi precedentemente letti o ascoltati.

8. Attività di espressione orale, che di solito richiedono allo studente di rispondere a domande che fanno riferimento diretto al contenuto di testi uditi, visti o letti, oppure a domande di tipo personale, simulando così un dialogo aperto[3]. In quest'ultimo caso, tuttavia, il programma è privo di un *feedback* appropriato già predisposto, in quanto le risposte dello studente - se veramente aperte - non possono essere previste con certezza.

9. Attività di simulazione, in cui allo studente viene assegnato un ruolo da svolgere in una situazione ben determinata, nella quale deve interagire comunicativamente in modo appropriato.

10. Attività di *problem solving*, che stimolano lo studente a far ricorso alle proprie risorse linguistiche e concettuali per risolvere una situazione problematica postagli dai materiali stessi. Tale tipo di attività prevede spesso il coinvolgimento di due o più studenti e promuove quindi interazioni genuine di comunicazione tra di loro al fine di trovare la soluzione migliore al problema che stanno affrontando.

11. Attività di autovalutazione, consistenti in prove di tipo più o meno comunicativo che hanno lo scopo di permettere un accertamento delle

3. Tale dialogo, tuttavia, è sempre di tipo simulativo e non del tutto autentico, in quanto tra i due partecipanti — specialmente da parte dello studente — non esiste un vero vuoto d'informazione; inoltre, le possibilità dello studente sono limitate, in quanto questi può solo rispondere a domande e quasi mai è invitato a farne.

competenze dello studente in riferimento a parametri e punteggi previsti da chi ha elaborato i materiali.

12. Giochi didattici, che hanno la funzione di permettere allo studente di utilizzare le sue conoscenze linguistiche per fini prevalentemente ludici.

2. L'allestimento dei materiali

Una prima scelta che si pone a chi ha il compito di predisporre i materiali per un centro linguistico concerne la questione se sia da preferire del materiale già in commercio o se sia più opportuno preparare dei materiali appositi. L'elaborazione diretta dei materiali da inserire in un centro linguistico ha il vantaggio di tenere in particolare considerazione le esigenze degli utenti del centro stesso; tali materiali inoltre permettono di far uso di testi aggiornati e facilmente accessibili, quali testi orali o video ripresi da fonti radiofoniche o televisive ricevute via satellite. Lo svantaggio di questa soluzione, tuttavia, consiste nel tempo e nelle competenze richiesti per la preparazione di tali materiali.

L'acquisto di materiali già fatti esistenti sul mercato consente un notevole risparmio in termini di tempo di realizzazione e garantisce una maggiore accuratezza e professionalità nel loro allestimento. Gli inconvenienti che tali materiali talvolta presentano sono i loro costi (specialmente per quelli più complessi e innovativi) e la genericità dell'utenza a cui si rivolgono. Un altro problema presentato dai materiali commerciali consiste nella loro rigidità e nella loro scarsa utilizzabilità in esercitazioni di tipo autonomo.

In alcuni casi si può ricorrere ad un compromesso tra le due opzioni sopra presentate, utilizzando un approccio guidato alla realizzazione autonoma di materiale didattico. Ciò avviene specialmente per i materiali di tipo informatico, in cui l'adozione di sistemi autore fornisce uno schema dell'esercitazione che il docente può rielaborare inserendo il testo ed il lessico che ritiene più opportuni. Vi è da rilevare, tuttavia, che anche i programmi autore possono essere ritenuti da alcuni troppo limitativi; essi infatti pongono certi vincoli che il preparatore dei materiali deve rispettare e non sempre permettono una loro completa personalizzazione, impedendo, ad esempio, l'inserimento di pagine di aiuto o di commento, o l'accettazione di più risposte o la presentazione di testi di una certa lunghezza.

3. Le caratteristiche dei materiali

Indipendentemente dalla fonte selezionata - acquisto di prodotti già disponibili o elaborazione autonoma - i materiali devono rispettare delle caratteristiche che li rendano pedagogicamente idonei ad essere presentati in un centro linguistico. Innanzitutto è necessario che la loro finalità didattica sia ben chiara e facilmente comprensibile dagli studenti stessi, così che questi siano in grado di valutare se il materiale proposto può essere o meno adatto a soddisfare le proprie esigenze.

È inoltre importante che i materiali disponibili presso il centro siano didatticamente validi, vale a dire che non includano attività di tipo meccanicistico o basate su singole parole o frasi acontestualizzate, altrimenti le esercitazioni rischiano di tradursi in manipolazioni meramente formali e, non prevedendo un coinvolgimento dello studente a livello di comprensione semantica, non ne accrescono le competenze comunicative.

Bisogna inoltre che le istruzioni allegate ai materiali siano accurate, complete e comprensibili, così che lo studente possa utilizzare i testi in maniera autonoma senza ricorrere continuamente al personale didattico del centro. A tale scopo è molto utile la presentazione all'inizio di ogni attività di un'esemplificazione sullo svolgimento di un determinato esercizio. È opportuno inoltre che, prima che i materiali siano inseriti nel catalogo, essi siano stati provati dal personale didattico del centro, che ne avrà così verificato l'effettivo funzionamento (anche in rapporto alla strumentazione tecnica da utilizzare per lo svolgimento delle varie attività) e l'accuratezza delle parti di supporto (quali le istruzioni, le chiavi correttive, ecc.)

È importante inoltre che il materiale non ricorra ad inutili complicazioni utilizzando forme ed attrezzature complesse per far effettuare attività che si possono svolgere in maniera più semplice e altrettanto produttiva con supporti e strumentazioni più semplici. Molti materiali, ad esempio, prevedono l'utilizzazione di attrezzature informatiche per svolgere esercizi semplici che si potrebbero effettuare più velocemente e altrettanto bene con un supporto cartaceo.

Si dovrebbe altresì fare in modo che le varie attività siano fornite di adeguate chiavi correttive e di opportuni commenti; questi elementi di supporto sono molto utili in generale, ma diventano addirittura indispensabili per le esercitazioni di tipo autonomo. I commenti correttivi, tuttavia, - specialmente per quanto riguarda i materiali informatici - dovrebbero essere in grado di discriminare tra errori di competenza ed errori di produzione, evitando così di rifiutarsi di accettare la risposta fornita dallo studente solo perché non scritta nel modo previsto da chi ha elaborato il programma (che richiede, ad esempio, l'uso della lettera maiuscola o minuscola per iniziare le risposte) o perché contenente un errore di ortografia dovuto alla scarsa dimestichezza dell'utente con la tastiera di un computer.

I programmi informatici inoltre dovrebbero essere sufficientemente flessibili, e permettere allo studente di interrompere l'attività in qualsiasi momento lo ritenesse opportuno senza obbligarlo a svolgere tutto il percorso didattico. Allo stesso modo dovrebbero permettergli di ritornare indietro nel programma per rivedere alcuni testi precedenti o per rifare determinate esercitazioni.

È essenziale comunque che i materiali siano motivanti e interessanti e che non deludano le aspettative degli studenti. Essi inoltre non devono essere né troppo puerili né eccessivamente complicati, per non correre il rischio di provocare demotivazione negli utenti. Dal punto di vista motivazionale è opportuno che il centro linguistico offra anche dei materiali in lingua straniera che non abbiano come finalità primaria quella di istruire o esercitare, ma solamente informare (quali notiziari, programmi divulgativi, documentari, ecc.) o intrattenere (come film, programmi televisivi, ecc.), in quanto questi programmi sono molto apprezzati e richiesti dagli studenti[4] e offrono comunque dei vantaggi dal punto di vista linguistico.

È importante tuttavia che tali attività non siano di tipo meramente passivo[5], ma implichino un coinvolgimento diretto degli studenti. Per raggiungere tale scopo, diventa perciò essenziale che il personale didattico del centro allestisca, anche per questo tipo di materiali, delle attività e dei supporti che facilitino la comprensione dei testi e ne facciano riutilizzare gli elementi linguistici e contenutistici.

4. In diverse analisi delle scelte operate dagli utenti di centri linguistici (cfr., ad esempio, Gotti, in stampa) si è notato che, per quanto riguarda i videoprogrammi, gli studenti che operano autonomamente nei centri linguistici tendono a scegliere film — specialmente quelli che hanno già visto in lingua italiana e che quindi dal punto di vista contenutistico non presentano grossi problemi di comprensione — rispetto a programmi didattici — che sono invece accompagnati da esercitazioni ed attività che implicano un maggiore impegno da parte degli studenti.

5. Per la verità, come giustamente ha fatto notare James (1972), nessuna attività linguistica — nemmeno quelle di ascolto, visione o lettura — può essere considerata «passiva». Tali attività, implicando comunque una serie di operazioni da parte dell'interlocutore, dovrebbero essere più correttamente definite «ricettive».

L'elaborazione di tali materiali di supporto risulta necessaria in modo particolare per i materiali autentici, vale a dire quelli elaborati direttamente per parlanti nativi e non dotati specificamente di finalità didattiche.

Tali materiali sono molto utili nei percorsi didattici di lingue straniere, in quanto permettono la presentazione di diverse varietà e stili linguistici ed un approfondimento di tipo culturale. È necessario tuttavia prevedere un intervento didattico su tali testi (sia video che audio che cartacei) evidenziando all'interno di essi una scansione in sequenze e dotando ciascuna sequenza di appositi esercizi e materiali di supporto.

4. La varietà dei materiali

Un criterio molto importante da seguire nell'allestimento dei materiali per un centro linguistico universitario consiste nel prevedere una certa varietà sia nelle attività che nei tipi di testi proposti. Per rispondere alle esigenze di tutti gli studenti dell'Università è importante che si prendano in considerazione non solo le diverse lingue insegnate nelle varie facoltà, ma anche gli interessi specialistici ed i bisogni comunicativi degli utenti. È inoltre necessario ricordare che l'adozione di un approccio di tipo autonomo all'apprendimento delle lingue richiede la preparazione di materiali molto diversificati per soddisfare le differenti esigenze e gli stili di apprendimento dei vari utenti del centro. Infatti, come ha dimostrato Pask (1976), esiste una stretta relazione tra stili di apprendimento degli studenti[6] e materiali didattici utilizzati; infatti, l'uso di testi elaborati in funzione di determinati stili di apprendimento ha mostrato risultati significativamente migliori, in termini di apprendimento linguistico, rispetto all'utilizzazione di materiali non adatti alle caratteristiche cognitive dei loro utenti.

È importante inoltre che i materiali forniscano la possibilità di essere utilizzati non solo per esercitare la lingua, ma anche per esplorarla. In quest'ottica quindi essi non dovrebbero avere una funzione meramente prescrittiva tipica delle esercitazioni di tipo rigido (assumendo quella funzione che Higgins (1988:12-16) ha identificato in quella del

6. Numerosi sono gli studi sui vari stili adottati nell'apprendimento delle lingue. Tra gli altri, si vedano Cohen (1990), O'Malley/Chamot (1990), Oxford (1990) e Wenden/Rubin (1987).

magister), ma dovrebbero avere un ruolo più flessibile ed aperto (tipico del *pedagogue*), stimolando, informando ed aiutando lo studente, facilitandone il lavoro e suggerendogli le attività e le soluzioni più adeguate.

In queste attività di esplorazione linguistica lo studente può essere notevolmente aiutato dalle recenti innovazioni tecnologiche. Ad esempio, la rapidità e la facilità di utilizzo dei dati contenuti in un videodisco o nella memoria di un computer, i programmi ipertestuali ed ipermediali con le loro molteplici possibilità di accesso e diversi livelli di lettura, nonché i materiali videoregistrati - autentici e non - permettono allo studente di muoversi facilmente da un testo all'altro e di predisporre così dei percorsi di apprendimento altamente individualizzati. Molto utili per questa funzione esplorativa si sono dimostrati recentemente gli ipertesti, vale a dire quei materiali concatenati a livello informatico che permettono molteplici diramazioni partendo da testi base e forniscono la possibilità di numerose attività di chiarimento, approfondimento ed espansione a vari livelli (contenutistico, lessicale, grammaticale, testuale, ecc.). I programmi ipertestuali non vanno confusi con i programmi ramificati del tipo di quelli ideati da Crowder (1959), in cui si obbliga lo studente ad interrompere l'esercitazione se i suoi risultati sono inferiori alla norma e a rivedere le aree ancora problematiche per lui e a riprendere successivamente il percorso didattico dall'esercizio che era stato interrotto. Tale tipo di programma è del tutto vincolante e, togliendo ogni possibilità di iniziativa allo studente, influisce negativamente sulla sua motivazione. È molto meglio invece che sia lo studente a scegliere - magari su consiglio del programma stesso - se ricorrere a materiali di supporto per approfondire certe conoscenze o per esplorare altri testi che gli possono servire per i compiti comunicativi che sta svolgendo. Questa maggiore possibilità di scelta favorisce una più alta responsabilizzazione dello studente ed una sua più forte motivazione. Oltre a permettergli una migliore comprensione delle regole che costituiscono una lingua e che ne organizzano i vari contenuti semantici, quest'attività di esplorazione autonoma all'interno di macrotesti linguistici lo aiuta a rendersi più consapevole dei propri processi di apprendimento.

5. La catalogazione dei materiali

L'allestimento di percorsi individualizzati non è reso possibile solo dalla disponibilità di materiali di tipo ipertestuale, bensì può essere effettuato dall'utente di qualsiasi centro linguistico purché egli sia chiaramente informato dei contenuti e delle modalità di utilizzazione dei vari materiali disponibili. A questo scopo risulta essenziale che vi sia una chiara e completa catalogazione dei vari materiali, che ne metta in evidenza non solo gli aspetti più generali (lingua, livello di difficoltà, tipo di attività, ecc.), ma anche quelli di carattere più specifico (argomento trattato, modalità di effettuazione, possibilità di espansione, ecc.).[7]

In quest'ottica, quindi, piuttosto che rispettare tassativamente l'ordine progressivo di acquisizione dei materiali, il catalogo ne dovrebbe prevedere un raggruppamento logico secondo diverse chiavi di accesso: ad esempio, per livelli di difficoltà, per tipo di facoltà o corso a cui i materiali fanno riferimento, per abilità linguistica che viene maggiormente esercitata in essi, per attività didattica che si effettua con il loro utilizzo o per argomento (contenutistico, grammaticale, lessicale o altro) trattato nei vari testi. Tutte queste informazioni dovrebbero comparire nelle schede del catalogo che si riferiscono ai diversi materiali, in modo che, specialmente nel caso di una catalogazione informatizzata, si potrebbero usare le diverse categorie come chiavi di accesso; in questo modo l'utente potrebbe facilmente consultare il catalogo per ricercarvi i diversi testi disponibili e le varie attività effettuabili presso il centro attorno ad un determinato argomento o per esercitare una specifica abilità. Questo tipo di collegamento trasversale a livello di attività e di contenuto permetterebbe così ad ogni studente non solo di visionare i materiali afferenti alla propria facoltà, ma anche quelli predisposti per corsi diversi dal suo. Nel caso di catalogazione informatica, il computer potrebbe notevolmente facilitare tale esplorazione trasversale del materiale di consultazione, guidando lo studente - tramite opportune domande e suggerimenti appropriati - ad operare le scelte più adeguate.

Oltre a queste informazioni il catalogo dovrebbe fornire per ogni tipo di materiale il numero di riferimento - essenziale nella richiesta dello stesso, o nel suo reperimento in caso di sistema a scaffale aperto - e dei consigli, da non ritenersi vincolanti, sulla progressione delle attività e su ulteriori approfondimenti, espansioni e connessioni che

7. Per la presentazione e discussione dei principali criteri da adottare nella classificazione dei materiali in un centro linguistico cfr, tra gli altri, Blake (1982), Riley/Zoppis (1976) e Windeatt (1981).

potessero essere ritenuti opportuni da parte del personale didattico del centro.

In tal modo quindi il catalogo potrebbe facilitare – tramite queste indicazioni non prescrittive, ma adattabili alle esigenze e agli interessi dei singoli utenti – il collegamento di vari materiali in percorsi didattici coerenti per l'approfondimento di un determinato argomento linguistico o contenutistico o per il rafforzamento di una certa abilità comunicativa.

6. Il materiale di supporto ai testi

È inoltre importante che il catalogo fornisca, per ogni attività da effettuare nel centro linguistico, la specificazione dei materiali occorrenti e degli strumenti necessari.

Tale specificazione dovrebbe riguardare non solo il supporto in cui i testi e le esercitazioni sono contenuti (videocassette, audiocassette, libri di testo, dizionari, ecc.), ma dovrebbe prevedere anche delle schede che spieghino dettagliatamente l'uso che si deve fare di tali supporti, la strumentazione che ne risulta necessaria, le varie attività che si possono effettuare tramite questi, le finalità di tali attività e il loro ordine di progressione ottimale, eventuali testi di espansione ed esercitazione che il personale didattico ha predisposto ad integrazione dei materiali e le eventuali chiavi di correzione degli esercizi.

Per quanto riguarda le modalità di utilizzazione di tali schede, in genere si consiglia agli studenti di procedere secondo le istruzioni fornite su di esse, anche se non si impone alcun obbligo di svolgere tutti gli esercizi e le attività come suggerito nel materiale di supporto.

Comunemente si evidenzia, tuttavia, il vantaggio – specialmente per gli studenti che non posseggono una buona competenza linguistica o che non sono abituati a lavorare in maniera autonoma – di procedere secondo le modalità e nell'ordine consigliati.

Nel caso di esercizi che richiedono risposte prevedibili, si consiglia agli studenti di controllare le proprie soluzioni utilizzando le chiavi fornite. Dove invece non è possibile dare una risposta unica (per esempio negli esercizi di composizione libera, ecc.) si consiglia agli studenti di ricorrere al personale didattico del centro o – in assenza di esso – ai docenti e ai lettori delle varie facoltà per la verifica del proprio lavoro.

Nel caso in cui lo studente incontri delle difficoltà nell'effettuazione delle attività o nell'uso della strumentazione del centro, gli si consiglia di ricorrere al personale tecnico e didattico del centro.

Per fornire le informazioni basilari necessarie per operare in un centro linguistico - specialmente per quanto riguarda l'uso delle varie strumentazioni - in molte Università - specialmente in occasione dell'inizio dell'anno accademico e in particolar modo per gli studenti del primo anno - si organizzano degli incontri di presentazione dei materiali e dei sussidi più nuovi o più complessi[8]. Queste iniziative si rivelano particolarmente utili, in quanto a livello di scuola media superiore l'utilizzazione di attrezzature tecnologiche nella didattica delle lingue straniere è ancora poco diffusa[9], così come rare in quel contesto sono le iniziative per l'avvio ad esercitazioni autonome di tipo linguistico.

L'effettuazione di tali attività di avviamento all'esercitazione autonoma e all'uso dell'attrezzatura disponibile nel centro sviluppa una certa indipendenza nell'utente e fa sì che questi si rivolga al personale didattico solamente per consigli e aiuti inerenti agli aspetti contenutistici e più prettamente linguistici delle attività che sta effettuando. Inoltre tali iniziative permettono agli studenti di comprendere meglio i criteri di organizzazione del catalogo del centro e di utilizzarlo nel miglior modo possibile.

7. Il *feedback* previsto dai materiali

Oltre a fornire istruzioni adeguate alla effettuazione delle attività didattiche e le chiavi di correzione degli esercizi, i materiali didattici dovrebbero offrire ulteriori possibilità di aiuto agli studenti, presentando chiarimenti e spiegazioni di determinati elementi lessicali o contenutistici. Molti programmi recenti forniscono agli studenti la possibilità di rivedere rapidamente una determinata sequenza o di riascoltare una certa battuta, oppure di far apparire la trascrizione di quanto viene detto. Altri modi di facilitare la comprensione di un testo consistono nella possibilità di accedere ad un dizionario oppure di risentire il testo registrato in maniera rallentata o in una varietà geografica o

8. Per la descrizione di una iniziativa di questo genere cfr. Gotti (in stampa).

9. In un'indagine svolta con studenti dell'Università di Bergamo (cfr. Gotti, in stampa) si è rilevato che la totalità dei discenti intervistati non aveva mai usato un computer per effettuare attività di esercitazione di lingua straniera nella propria carriera scolastica precedente e che la metà di essi non aveva mai usato un laboratorio linguistico o un videoregistratore.

sociale più comprensibile per lo studente (ad es. nella lingua standard invece che in linguaggio colloquiale, nella varietà britannica invece di quella americana, ecc.).

Molti degli esercizi e dei commenti, inoltre, non sono finalizzati meramente a verificare la comprensione di un testo, quanto a promuoverla, presentando regole grammaticali o glossari pertinenti al testo analizzato, oppure materiali di tipo contestualizzato, così da permettere al discente di dedurre da solo le regole o i significati che non conosce. L'adozione di entrambi questi tipi di presentazione - descrittivo e deduttivo - viene spesso effettuata nella elaborazione dei materiali linguistici, così da soddisfare le diverse esigenze e gli stili di apprendimento dei vari utenti. Molti dei materiali, inoltre, fanno un rinvio specifico a grammatiche e testi di riferimento presenti nel centro linguistico per eventuali espansioni, approfondimenti e chiarimenti.

Un'importante funzione di stimolo all'apprendimento è costituita anche dai commenti alle risposte fornite dagli studenti nel corso delle varie esercitazioni. A tale scopo si è rivelato molto utile non solo il fornire la risposta attesa, ma anche l'aggiunta nei commenti dati del motivo per cui altre risposte non possano essere accettate o del perché quella sia da ritenersi la soluzione più adeguata. Spesso tale tipo di motivazione può anche non essere espresso esplicitamente, ma fatto dedurre dallo studente stesso tramite appositi commenti, suggerimenti e domande. In questo modo lo studente è stimolato a trovare da sé il motivo per cui la propria risposta debba ritenersi sbagliata e a ricavare da solo la risposta giusta dal testo. I materiali inoltre - specialmente quelli informatici - dovrebbero essere elaborati in maniera tale da poter accettare diverse risposte esatte possibili[10] e fornire dei messaggi di commento adeguati nel caso in cui vengano fornite delle risposte errate. A questo scopo sono stati elaborati dei programmi che memorizzano le varie risposte date dagli studenti, così da permettere al personale didattico di allestire dei messaggi di commento anche per quelle risposte non previste in fase di stesura dei materiali.

Anche per le attività di tipo ricettivo, quali la visione di videoprogrammi o l'ascolto di audiocassette, si è rivelato molto proficuo l'allestimento di materiali di supporto che consentano allo studente di meglio comprendere e rielaborare i testi affrontati. In molti casi viene offerta la trascrizione dei testi da comprendere, che può così essere uti-

10. Si pensi ad esempio alle attività di completamento di testi con la tecnica *cloze*, in cui non si dovrebbero accettare come soluzioni corrette esclusivamente le parole inserite nel testo originario, ma qualsiasi parola appropriata in quel contesto.

lizzata dagli studenti in caso di mancata decodificazione di qualche elemento o di alcune parti del testo. L'esistenza di una trascrizione permette una comprensione analitica del brano e fornisce al personale didattico la possibilità di costruire una serie di attività di riutilizzazione del lessico e di approfondimento del contenuto del testo stesso. In altri casi si forniscono dei glossari contenenti quelle parole che si ritiene presentino maggiori difficoltà per gli studenti. Per testi lunghi invece (quali film, documentari, ecc.) può rivelarsi utile l'elaborazione di riassunti, mediante i quali l'utente può trovare conferma della sua comprensione del testo o chiarirsi il significato di parti a lui oscure.

8. Il *feedback* sull'uso dei materiali

Al fine di avere una costante valutazione dei materiali disponibili presso il centro linguistico e della loro utilizzazione da parte degli utenti, può risultare molto utile la distribuzione periodica di una scheda di *feedback*. Tramite un questionario si possono ottenere dati interessanti su diverse questioni di estrema importanza per un centro linguistico: l'organizzazione del catalogo, l'accesso ai materiali, le istruzioni per svolgere le attività, i materiali più frequentemente usati, le attività più spesso effettuate, la quantità (sufficiente o insufficiente) dei materiali disponibili e l'adeguatezza dei contenuti dei materiali.

L'uso sistematico di tale strumento di verifica fornisce informazioni utili anche sull'operato del personale didattico in servizio presso il centro, oltre a suggerimenti preziosi circa ulteriori materiali da allestire per soddisfare in maniera sempre più completa e adeguata le esigenze linguistiche degli studenti.

Riferimenti bibliografici

Blake, T. 1982. *Storage and Retrieval Systems for Self-access Centres*. In Geddes, M. / Sturtridge, G. (eds.). *Individualisation*. Oxford, Modern English Publications.

Brookes, A. / Grundy, P. (eds.). 1988. *Individualization and Autonomy in Language Learning*. Oxford, Modern English Publications.

Cecioni, C.G. (ed.). 1989. *Proceedings of the Symposium on «Autonomy in Foreign Language Learning»*, Florence, 14-16 December 1988. Firenze, Centro linguistico di Ateneo, Università di Firenze.

Cohen, A. 1990. *Language Learning: Insights for Learners, Teachers and Researchers*. New York, Newbury House.

Crowder, N.A. 1959. *Automatic Tutoring by Means of Intrinsic Programming*. In Galanter, E. (ed.). *Automatic Teaching: the State of the Art*. New York, Wiley.

Dickinson, L. 1987. *Self-instruction in Language Learning*. Cambridge, Cambridge University Press.

Gotti, M. In stampa. *Training for Autonomy at a University Centre*. In Cecioni, C.G. (ed), *Atti del Convegno «Language and Technology»*. Università di Firenze, 11-13 dicembre 1991.

Harding-Esch, E. 1976. *Self-directed Learning and Autonomy*. Cambridge, Department of Linguistics.

Higgins, J. 1988. *Language, Learners and Computers - Human Intelligence and Artificial Intelligence*. London, Longman.

Holec, M. 1981. *Autonomy and Foreign Language Learning*. Oxford, Pergamon Press.

James, C.V. 1972. *A Note on Language Skills*. In «CILT Reports and Papers» VIII/September.

O'Malley, J./Chamot, A. 1990. *Learning Strategies in Second Language Acquisition*. Cambridge, Cambridge University Press.

Oxford, R. 1990. *Language Learning Strategies: What Every Teacher Should Know*. New York, Newbury House.

Pask, G. 1976. *Styles and Strategies of Learning*. In «British Journal of Educational Psychology»:217-253.

Riley, P./Zoppis, C. 1976. *The Sound and Video Library. An Interim Report on an Experiment*. In «Mélanges Pédagogiques»:125-143.

Wenden, A./Rubin, J. (eds.). 1987. *Learning Strategies in Language Learning*. Englewood Cliffs (N.J.), Prentice Hall.

Windeatt, S. 1981. *A Project for Self-access Learning for English Language and Study Skills*. In «Practical Papers in English Language Education» (University of Lancaster) 3.

L'apprendimento «autonomo» nei centri linguistici

di *Maria Teresa Prat Zagrebelsky**

1. I centri linguistici: un'istituzione in crescita nell'Università italiana

Al III Congresso nazionale dell'Associazione italiana di anglistica che si tenne a Bari nel 1980 venne invitato il linguista britannico Peter Strevens del Bell Educational Trust e del Wolson College di Cambridge a parlare di «Language Centres». Ricordo ancora l'effetto che il suo discorso ebbe sui partecipanti, sia letterati sia linguisti. La proposta fu accolta in genere con una certa diffidenza. Essa appariva, per un verso, come una nuova versione del vecchio e ormai squalificato laboratorio linguistico in un clima che metteva in primo piano gli approcci comunicativi e il ruolo del lettore parlante nativo.
Per altro verso, essa era insoddisfacente come suggerimento più globale di riorganizzazione dell'insegnamento linguistico universitario. Secondo Strevens, infatti, in un centro linguistico confluivano l'insegnamento delle lingue straniere, varie discipline linguistiche applicate e la formazione degli insegnanti, ma nel contesto italiano questo sembrava nascondere il pericolo di isolare e dequalificare lo studio universitario delle lingue collocandolo fuori dalle facoltà e dai dipartimenti.

In Italia a quel tempo, se non ricordo male, esistevano solo il glorioso Cilta (Centro Interfacoltà di Linguistica Teorica e Applicata) di Bologna, il Centro Linguistico di Venezia e forse quello di Udine, di cui peraltro si sapeva poco al di fuori delle rispettive sedi. Altri centri, tra cui Torino, iniziavano a vivere faticosamente «sulla carta» senza un vero impatto sulla vita universitaria.

Senza volere scrivere una storia, che sarebbe peraltro molto interessante, della nascita e dello sviluppo dei diversi centri linguistici,

* Torino.

è immediatamente percepibile il cambiamento avvenuto in questo settore nel giro di 12 anni - un tempo relativamente breve nel mondo universitario.

Dopo gli anni 80 sono nati alcuni dei più prestigiosi centri italiani, quali Firenze, Camerino, Arezzo, Siena, Parma, Pisa, Rende e Trento. Ad ogni nuovo convegno vengono alla luce nuove realtà, quali, ad esempio, Bergamo e Ancona.

I centri linguistici italiani appaiono oggi una realtà molto diversificata - come fa vedere in maniera molto arguta Morley (in Prat Zagrebelsky 1991) - a causa del loro essere fortemente «context-embedded» come dice Riley del Crapel (ancora in Prat Zagrebelsky 1991). In alcuni casi essi sono nati come emanazione delle facoltà e dei corsi di laurea in Lingue e letterature straniere, mentre in altri servono prevalentemente le facoltà non specialistiche o quelle prive di insegnamenti linguistici o si indirizzano a tutti gli studenti di un ateneo.

Alcuni sono grandi ed altri sono piccoli, alcuni sono più ricchi e altri più poveri, alcuni sono centri di risorse con aule attrezzate e competenze tecniche a disposizione dei lettori delle facoltà, in altri casi essi offrono corsi autonomi e sono anche luoghi di elaborazione o di discussione su varie problematiche di insegnamento delle lingue straniere. Inoltre alcuni centri linguistici organizzano convegni, corsi di aggiornamento e di perfezionamento, hanno proprie pubblicazioni, creano legami interuniversitari, fanno riferimento ad una organizzazione europea, pubblicano delle guide ai loro servizi per studenti universitari ed «esterni», in alcuni casi richiedono quote di iscrizione e in parte si autofinanziano offrendo un'immagine di efficienza ed imprenditorialità estranea a molta Università italiana.

Al di là delle diversità i centri linguistici soffrono di difficoltà comuni, molte delle quali sono causate dalla legislazione vigente. I centri linguistici si configurano infatti come centri di servizi (secondo l'art 90 della legge 382/80). Come tali possono ottenere solo personale tecnico e amministrativo stabile, ma non personale docente. Quest'ultimo è costituito in genere da lettori di madre lingua «prestati» volontariamente dalle facoltà e con contratto annuale.

Ne conseguono difficoltà nella pianificazione didattica e soprattutto nel condurre della ricerca sistematica per valutare e migliorare l'attività che vi si svolge e creare un rapporto costruttivo tra tecnologia e didattica. (su questi aspetti legislativi e didattico-scientifici cfr. Cecioni (1989b; in stampa) Ciliberti 1988; i Quaderni di Ricerca del Centro linguistico interfacoltà di Venezia e gli interventi dello stesso Cecioni, di Crevatin, di Rossini Favretti in questo volume).

2. I centri linguistici e lo studio «autonomo»

Lasciando da parte per il momento questi problemi più generali a cui tornerò in sede di conclusione, vorrei ora concentrarmi su una tendenza che si è di recente accentuata nei centri linguistici italiani, quella dello sviluppo di una componente di studio «autonomo» o di forme di autoapprendimento delle lingue straniere. Essa compare come opzione per gli studenti che non volessero o potessero far uso delle normali «offerte» universitarie, cioè i lettorati e i corsi di lingua straniera (ad esempio nel Centro linguistico dell'Università di Trento) o per chi avesse esigenze speciali di formazione linguistica per borse di studio o tesi (ad esempio, nel Centro linguistico dell'Università di Firenze). A questi tipi di studente vengono offerti strumenti per autovalutarsi (ad esempio test di piazzamento), cataloghi di risorse e di materiali per lo studio individuale e consulenza da parte di consiglieri (o tutori o *advisers*) per un apprendimento «autogestito». Nella sede di Torino io stessa coordino un progetto, a cui partecipano docenti, lettori e laureandi, per la selezione, adattamento e produzione di materiale didattico che possa essere usato autonomamente dagli studenti nel centro linguistico della nostra Università (cfr. Prat Zagrebelsky in Cecioni, in stampa). Alcuni centri nati da poco (ad esempio Ancona) nascono già con una organizzazione esclusivamente di tipo *self-access* (cfr. Gotti, in stampa).

Le cause immediate di questa tendenza vanno viste sia in alcuni aspetti della situazione universitaria italiana sia in alcune caratteristiche dello studio linguistico. Tra le prime si possono citare l'alto numero di studenti a fronte di una insufficienza di docenti di area linguistica, la frequenza non obbligatoria, le carenze e le differenze di preparazione linguistica degli studenti (vi sono sempre e ancora dei principianti anche di inglese), la mancanza di tempi e spazi per lezioni di gruppo, l'ampliamento del ruolo delle lingue soprattutto in corsi nuovi non specialistici (quali Psicologia e Scienze della comunicazione). Tra le seconde va ricordata la necessità costante di pratica (di tipo intensivo e di mantenimento) per tutti gli studenti e in particolare per quelli specialisti per i quali non è previsto, come in molti paesi europei, un periodo obbligatorio di soggiorno all'estero.

Tuttavia queste motivazioni di carattere organizzativo e curricolare vanno riconsiderate anche alla luce di obiettivi di tipo didattico ed educativo più generali. In questo campo le esperienze straniere offrono degli importanti stimoli per una riflessione sul valore didattico e educativo, oltre che pratico, dell'apprendimento «autonomo» in un centro *self-access* (cfr. Brookes/Grundy 1988; Dickinson 1987; Duda/Riley 1990; Holec 1980; Little 1989; Sheerin 1988).

2.1. *Il concetto di «autonomia»*

Il termine «autonomia» (etimologicamente il diritto di darsi le proprie leggi) è sovente usato come termine-ombrello per indicare una vasta gamma di situazioni diverse in cui lo studente sceglie o si trova a dovere lavorare senza la presenza costante dell'insegnante. Nell'istruzione programmata o a distanza, ad esempio, lo studente lavora da solo ma secondo un percorso più o meno rigidamente controllato in termini di obiettivi, contenuti e metodi ed è autonomo solo per ciò che riguarda il luogo, il tempo e il ritmo del lavoro.

Nelle attività di esercitazione supplementare o di recupero lo studente lavora da solo ma in genere seguendo i consigli del docente o dell'istituzione, come necessario ampliamento delle attività in classe.

Diverso scenario è quello in cui il grado di «autonomia» dello studente è molto più ampio o addirittura totale. Invece di essere sentito come una scelta di ripiego rispetto ai corsi regolari, la scelta di «autonomia» si colloca nell'ambito di approcci pedagogici contrari a forme di istruzione rigida e uguale per tutti, esigenze espresse in modi e forme diverse da Y. Illich (1970) e C. Rogers (1969). Nel caso delle lingue straniere in particolare essa riflette, all'interno di un approccio centrato sul discente, la convinzione che esistano notevoli differenze individuali, tra apprendenti di cui è bene tener conto (cfr. Skehan 1989 e Wenden/Rubin, 1987). Può essere questo il caso di studenti adulti che siano in grado di esplicitare gli obiettivi per cui imparano una lingua straniera, abbiano un tempo più o meno limitato a disposizione e delle opinioni sulle forme di apprendimento che considerano per esperienza più adatte al proprio stile cognitivo. Siamo nel caso in cui lo studente determina per sé obiettivi, contenuti e metodi e controlla il proprio apprendimento. Alcuni centri stranieri che hanno dato spazio ai valori dell'«autonomia» come il francese Crapel (Università di Nancy), offrono agli studenti la scelta tra corsi tradizionali, lavoro in gruppo con appoggio esterno di un consulente e lavoro individuale con appoggio di un consulente didattico.

In un convegno tenuto a Firenze nel 1988 su «Autonomy in Foreign Language Learning» (v. Cecioni 1989a) è emerso il fatto che una scelta di «autonomia» appare tipica di contesti anglosassoni e nordici e rivela, forse, una valenza culturale. Essa può sollevare perplessità in un contesto universitario italiano dove, dice Evangelisti (in Cecioni 1989b), gli studenti sono fin troppo «autonomi», nel senso di «lasciati a se stessi», e dove il valore legale dei titoli di studio implica la responsabilità di livelli di competenza e conoscenza garantiti per buona parte da obiettivi e contenuti comuni.

Appare quindi più opportuno nel contesto italiano parlare di gradi di «autonomia», di apprendimento autodiretto all'interno di un sistema di obiettivi e contenuti condivisi e in cui la completa autonomia sia l'obiettivo a cui si tende più che un prerequisito o uno stile di apprendimento. Questa educazione all'«autonomia» non è un *second best* rispetto ai corsi regolari, ma una componente essenziale della formazione linguistica di tutti gli studenti. Alcuni aspetti portanti di questa visione dell'«autonomia» nell'apprendimento delle lingue straniere possono essere i seguenti:

a. Lo studente accede facilmente e direttamente alle risorse per l'apprendimento delle lingue straniere.

L'impressione che si ricava visitando molti centri linguistici esteri (ad esempio quelli della Bell School o dell'Università di Cambridge) è quella di ambienti gradevoli e funzionali, dove angoli «silenziosi» si alternano con stanze «rumorose», dove registratori e video, computer e testi di riferimento coesistono. Una volta entrato nel centro lo studente si muove liberamente da una risorsa all'altra, in mezzo a scaffali aperti che consentono l'uso e la sperimentazione libera di diversi materiali. Il problema della sicurezza è in genere garantito da apparecchi di controllo all'uscita e il personale del centro (bibliotecari, tecnici e *advisers*) è collocato in punti strategici del centro stesso e può esercitare un'attività di consulenza e controllo naturale mentre svolge il proprio lavoro.

In questa direzione si inizia ad andare anche in Italia. Ad esempio, Aston, nella sua relazione su Ancona nel convegno fiorentino su «Language and Technology» del 1991 (cfr. Cecioni, in stampa), dà rilievo a questi aspetti a mio avviso non secondari e sceglie forme di semplificazione delle procedure d'accesso (l'organizzazione a scaffali aperti) e di autoresponsabilizzazione degli studenti. Troppo spesso, però, ancora la carenza di risorse, ma anche una visione «burocratica» tende a rendere i centri italiani molto meno *user-friendly* di quelli esteri. In sedi universitarie di grandi dimensioni, poi, il facile accesso ai servizi dei centri linguistici da parte degli studenti implica necessariamente forme di decentramento fisico delle risorse. A questo proposito appare ottimo il progetto di «penetrazione sul territorio» del

Centro linguistico di Venezia.

b. Lo studente è libero di scegliere tra media *e materiali diversi ma è bene che sia guidato in questa scelta.*

Un principio base dell'«autonomia» è quello della possibilità di scegliere. Un centro linguistico dovrebbe offrire, a mio avviso, *media* diversi (audio, video, computer, cartacei, separati e integrati, più o meno interattivi) senza necessariamente mitizzare una tecnologia didattica o l'ultimo sviluppo rispetto agli altri. I materiali linguistici, a loro volta, possono essere autentici, adattati, preparati *ad hoc* e in commercio, di semplice intrattenimento ma anche di alto livello culturale (cfr. Gotti in questo volume).

Per scegliere efficientemente lo studente deve ricevere una informazione chiara e dettagliata che va dalle indicazioni generali contenute nel libretto di uso del centro (molti centri ormai ne stampano annualmente uno, da Firenze a Trento), a istruzioni sull'uso delle tecnologie didattiche, a cataloghi (cartacei o su computer) che siano *user-friendly* e che classifichino i materiali per livelli, abilità, contenuto, situazione di comunicazione, varietà linguistica, durata e in quanti altri modi vengano ritenuti utili per un particolare tipo di studenti. A questo proposito è utile sottolineare come del personale con competenze di bibliotecario e documentarista sia essenziale in un centro linguistico.

c. Le attività sono metodologicamente flessibili.

I materiali e le attività dovrebbero riflettere la convinzione che diversi apprendenti possano avere stili e strategie diverse. I materiali non devono pertanto essere rigidi, ma consentire percorsi diversi e al tempo stesso suggerire allo studente alternative che possano migliorare il proprio modo di apprendere. Ad esempio, nelle attività di ascolto si possono segnalare i diversi modi in cui l'ascolto può essere reso più impegnativo o più facile, a seconda dell'utilizzo precedente, contemporaneo o successivo della trascrizione (Per numerosi esempi di attività di questo tipo, cfr. Sheerin 1988).

Non è facile preparare materiali di accompagnamento efficaci in questo campo. Le istruzioni possono risultare difficili oppure troppo ovvie, condiscendenti nel tono o poco chiare. Questi materiali possono però essere progressivamente migliorati chiedendo un giudizio sulla loro efficacia agli studenti. E' buona prassi di molti centri linguistici consultare sistematicamente gli utenti del centro e incorporare i loro suggerimenti.

d. Gli studenti si autocorreggono e si autovalutano.

Questo aspetto è ovvio in attività orientate agli esami (ad es. dettati, esercizi di fonetica e di comprensione) che sono naturalmente molto popolari tra i frequentatori di un centro linguistico. Ritengo che rendendo espliciti i criteri di valutazione si compia un importante passo nella responsabilizzazione degli studenti.

Questo aspetto va però mantenuto anche all'interno di materiali non immediatamente orientati agli esami e di tipo più aperto al fine di sviluppare questo essenziale versante dell'«autonomia» che è la capacità di monitorizzare il proprio apprendimento. Ad esempio, per incoraggiare la autovalutazione della propria capacità anche in situazioni di comunicazione aperta quale l'interazione in dialogo si possono fornire registrazioni di «dialoghi-modello» o elenchi di forme e funzioni corrette ed appropriate alla situazione.

e. Lo studente può lavorare con altri studenti.

Il lavoro «autonomo» nel centro linguistico non deve significare, se non lo si vuole, una condanna all'isolamento dello studente. Alcune attività vanno per definizione svolte in coppia o in gruppo (ad esempio, i dialoghi) altre possono piacevolmente essere svolte in compagnia (ad esempio la visione di un video o l'utilizzo di programmi su computer). Bisogna che l'organizzazione materiale del centro consenta forme di lavoro comune.

f. Lo studente può rivolgersi ad un consulente di apprendimento.

Il ruolo di *adviser* o *tutor* va indubbiamente potenziato. Si tratta di un compito complesso che agisce su un doppio versante affettivo - motivazionale e cognitivo. Per esso occorre una preparazione specifica - teorica e «sul campo» -, ma si tratta di un ruolo che arricchisce continuamente il docente stesso.

g. Imparando la lingua straniera lo studente impara anche ad apprendere.

Se è vero che i *good learners* elaborano spontaneamente buone strategie di apprendimento, è altrettanto vero che anche molti studenti adulti e universitari traggono profitto da suggerimenti, naturalmente aperti e flessibili, su strategie di apprendimento e tecniche di studio. Questo *learner training* può assumere diverse forme, quali attività di iniziazione al *self-access* (come propone Gotti, in stampa), questionari di sensibilizzazione e attività di riflessione su strategie cognitive, metacognitive e comunicative. Ma è soprattutto l'esperienza consapevole di apprendimento linguistico che progressivamente fa crescere lo studente in questo campo.

3. Conclusione

Questo mio contributo riflette il percorso che ho fatto dalla idea iniziale che un apprendimento «autonomo» fosse solo una soluzione di ripiego per studenti impossibilitati a seguire le lezioni alla consapevolezza che i principi portanti della «autonomia», come è stata qui presentata, debbano essere alla base di qualsiasi apprendimento della lingua straniera che sia efficace e formativo. In questo senso un centro linguistico deve offrire condizioni di apprendimento «autonomo» per tutti gli studenti, rinforzando così quegli stimoli all'«autonomia» che dovrebbero già essere presenti nella didattica in classe.

È chiaro che la scelta che ho qui abbozzato richiede competenze didattiche, tecniche e amministrative «alte», risorse finanziarie e di spazi e molta attenzione ai problemi organizzativi. Lungi dall'essere, come molti pensano, una soluzione «spiccia» ai problemi dell'apprendimento delle lingue, un centro linguistico richiede una programmazione e una ricerca didattica impegnativa e quindi personale docente e una struttura direttiva qualificata.

Ritorniamo quindi ai problemi generali da cui sono partita. I centri linguistici non esauriscono certamente il problema dello studio universitario delle lingue straniere, ma sono una istituzione necessaria in ogni Università. Essi si devono inserire con una propria identità in un sistema che preveda un potenziamento dei posti stabili di lingua/linguistica straniera e didattica delle lingue nelle facoltà e della ricerca in queste aree e un ruolo riqualificato e riequilibrato dei lettori stranieri. Non è facile proporre un modello unico di rapporti in questo campo. Ma forse anche in questo caso il concetto di «autonomia» può esserci di aiuto.

Chissà se, con un poco più di «autonomia», le singole sedi universitarie non riuscirebbero a sperimentare le soluzioni più adatte a ciascun contesto?

Riferimenti bibliografici

Brookes, A./Grundy, P. (eds). 1988. *Individualization and Autonomy In Language Learning*. Oxford. Modern English Publications.

Cecioni, C. G. (ed). 1989a. *Proceedings of the Symposium on «Autonomy in Foreign Language Learning»*. Florence, 14-16 December 1988. Firenze, Centro linguistico di Ateneo, Università di Firenze.

Cecioni, C. G. (a cura di). 1989b. *I centri linguistici nelle università italiane. Prospettive per una disciplina legislativa.* Firenze, Università degli Studi.

Cecioni, C. G. (ed). In stampa. Atti del convegno *«Language and Technology»*. Università di Firenze, 11-13 dicembre 1991.

Ciliberti, A. (a cura di). 1988. *I centri linguistici nelle università italiane: prospettive e confronti.* «Quaderni CIAL», Università di Trento, 1.

Dickinson, L. 1987. *Self-instruction in Language Learning.* Cambridge, Cambridge University Press.

Duda, R./Riley, P. (eds). 1990. *Learning Styles.* Nancy, Presses Universitaires de Nancy.

Gotti, M. In stampa. *Training for Autonomy at a University Centre.* In Cecioni (ed.).

Holec, M. 1980. *Autonomie et apprentissage des langues étrangères.* Strasbourg, Conseil d'Europe.

Illich, Y. 1970. *Deschooling Society.* Mc Graw Hill.

Little, D. (ed). 1989. *Self-access Systems For Language Learning.* Cilt/Authentik.

Morley, J. 1991. *A Bestiary of Language Centres.* In Prat Zagrebelsky (a cura di): 199 - 204.

Prat Zagrebelsky, M. T. (a cura di). 1991. *The Study of English Language in Italian Universities.* Alessandria, Edizioni dell'Orso.

Riley, P. 1991. *«There's Nothing as Practical as a Good Theory»: Researc, Teaching and Learning functions of Language Centres.* In Prat Zagrebelsky (a cura di): 215 - 229.

Rogers, C. 1969. *Freedom to learn.* Charles Merrill.

Sheerin, S. 1988. *Self-access.* Oxford, Oxford University Press.

Skehan, P. 1989. *Individual Differences in Second language Learning.* London, Arnold.

Wenden, A./Rubin, J. (eds). 1987. *Learner Strategies in Language Learning.* Englewood Cliffs (NJ), Prentice Hall.

L'italiano per stranieri nell'Università

di *Massimo Vedovelli*[*]

1. Obiettivi

In questa relazione verranno presentate alcune problematiche dell'insegnamento della lingua italiana come lingua straniera (= L2) nell'Università. Tali problematiche verranno esaminate entro il più generale quadro dei problemi di teoria scientifica di linguistica, di metodologia dell'insegnamento linguistico e della didattica dell'italiano come L2. A ciò si aggiungerà la ricognizione di alcuni problemi di tipo organizzativo relativi all'insegnamento della lingua italiana nell'Università, e alcune ipotesi di risposta a tali questioni.

Nell'affrontare tali problemi ci muove la consapevolezza (che può diventare ipotesi di lavoro per quanto riguarda la ricerca scientifica e la gestione organizzativa della formazione) che sia necessario arrivare alla elaborazione di un modello sufficientemente fondato per rinnovare la didattica dell'italiano all'interno del più generale quadro dell'insegnamento delle lingue moderne nell'Università italiana: le ricerche sull'acquisizione spontanea dell'italiano come L2, l'adeguamento delle metodologie dell'insegnamento linguistico che si è prodotto negli ultimi anni in Italia, il collegamento sempre più intenso con i grandi progetti di ricerca internazionale consentono ora di acquisire nuovi dati e di promuovere un rinnovamento che incida in modo profondo nella diffusione della nostra lingua come L2. L'Università si colloca in una posizione di snodo in questo progetto, per la necessaria base scientifica che solo essa può garantire e per la sempre maggiore affluenza di pubblici che necessitano di una formazione specifica in italiano L2.

Tenendo presente questo quadro complessivo, il presente testo vuole rappresentare un primo e parziale contributo alla definizione dei tratti di un modello di didattica dell'italiano nell'Università, collegan-

[*] Roma - Siena.

dosi anche al convegno della Società di Linguistica Italiana del novembre 1992 a Siena, che continua una funzione di ricognizione globale nella rete fitta di incontri, seminari, convegni che hanno visto l'Università di Pavia diventare negli ultimi anni uno dei principali centri di studio sui problemi della lingua italiana come L2.

2. Italiano come L2 nel mondo e italiano come L2 nell'Università

2.1.1. Nel 1982 si tenne a Roma quello che può essere considerato il primo grande convegno che aveva anche l'obiettivo di consentire l'incontro del mondo della ricerca scientifica di linguistica e di didattica della lingua con le istanze preposte alla diffusione della nostra lingua e cultura all'estero, ovvero i Ministeri degli Affari esteri e della Pubblica istruzione. In quella occasione furono presentati i risultati di una indagine sulle motivazioni allo studio della nostra lingua nel mondo (Ministero Affari esteri 1981; Vignuzzi 1984), dati ripresi e presentati nella loro globalità in Baldelli (1987); in seguito, indagini sulla consistenza e sulle caratteristiche di chi studia l'italiano come L2 sono state presentate in Freddi (1987) e in Lo Cascio (1990). Dalle ricerche citate emergono dati interessanti per meglio mettere a fuoco la situazione dell'insegnamento dell'italiano nell'attuale situazione dell'Università italiana. Innanzitutto, colpiva già all'inizio degli anni '80 il boom dell'italiano, che portava circa 3,5 milioni di persone ad accostarsi alla nostra lingua: allora i motivi erano da ricercarsi da un lato nelle conseguenze della rinnovata e vincente immagine dell'Italia e della nostra cultura nel mondo (che implicava un movimento di «simpatia» nei pubblici stranieri), e dall'altro nella tradizionale attrazione culturale verso l'Italia. Comunque, le indagini che si collocano fin verso la fine degli anni '80 mettono in luce una grande fascia di pubblico reale della lingua italiana come L2 (grande, se si pensa che l'italiano è quantitativamente una piccola lingua come lingua materna), una fascia che poteva essere ancora più vasta in rapporto alle caratteristiche di composizione di tale pubblico: spinto da interessi culturali generici (oseremmo dire «interessi di turismo culturale»), medio nella composizione sociale e culturale.

A partire dalla fine degli anni '80 si assiste, però, a alcune modifiche del pubblico reale e a più profondi cambiamenti del pubblico potenziale dell'italiano L2 (v. AA.VV. 1991; Vedovelli 1991:112-113): i segni di tale cambiamento non sono stati ancora formalizzati in dati quantitativi né in analisi sistematiche di tipo qualitativo, ma emergono ad esempio nella composizione del pubblico dei corsi dell'Università per stranieri di Siena, la cui situazione conosciamo direttamente, ma riteniamo che ciò riguardi anche l'Università per stranieri di Perugia, così come tali segni possono essere trovati nei molti corsi che sono organizzati nel mondo dalle nostre istituzioni. Uno di questi elementi di novità che investe l'italiano L2 riguarda proprio la struttura universitaria.

Si possono individuare in cinque le categorie che stanno mutando profondamente il quadro dei pubblici dell'italiano L2 e che, di conseguenza, impongono una riconsiderazione complessiva delle strategie di diffusione della nostra lingua:

- i paesi dell'Est europeo;
- gli immigrati stranieri in Italia;
- gli anziani;
- i pubblici derivanti dalle scadenze del mercato unico europeo;
- gli studenti dei progetti di mobilità universitaria europea.

2.1.2. Per quanto riguarda i paesi dell'Est europeo, occorre ricordare che durante gli anni passati erano forse l'Italia e l'italiano i principali punti di riferimento esteri ai quali si guardava, e proprio per motivi legati alla tradizionale immagine del nostro paese: la patria della creatività, della libertà ecc. Motivi tradizionali che ora, nella nuova situazione che consente maggiori possibilità di mobilità nell'Est europeo, spingono ancora di più a orientarsi verso la nostra lingua e cultura. A un pubblico potenziale vastissimo rischia di corrispondere, però, una attenzione ridotta da parte italiana, che si concretizza nella mancanza di una strategia in grado di offrire gli strumenti più adeguati alla diffusione della nostra lingua. Occorre ricordare, innanzitutto, che l'insegnamento dell'italiano ha come sedi privilegiate nei paesi dell'Est i nostri Istituti di Cultura e le Università locali. Proprio la sede universitaria potrebbe rappresentare una opportunità per sviluppare rapporti di collaborazione fra Università italiane e straniere mirati al rinnovamento della strumentazione didattica e alla realizzazione di comuni progetti di ricerca: non si dimentichi che i limitati mezzi a disposizione dei paesi dell'Est non intaccano una tradizione notevole di ricerca scientifica anche per ciò che riguarda la nostra lingua.

2.1.3. Sull'impatto che l'immigrazione straniera ha sulla società e sul suo assetto linguistico la bibliografia è ormai vasta: su questo tema le Università italiane manifestano una netta varietà di posizioni. Di fatto, la ricerca scientifica di linguistica finalizzata allo studio dei processi di apprendimento spontaneo e sui correlati socioculturali e didattico-linguistici è limitata all'area centro-nord italiana: le Università dell'Italia del sud non hanno ancora sviluppato alcuna azione di ricerca su una realtà che a livello territoriale appare consistente e di notevole interesse in quanto oggetto di studio (si pensi al rapporto fra *input* di apprendimento fortemente orientato sul dialetto e esiti in termini di varietà di interlingua di apprendimento spontaneo). Le molte azioni di formazione linguistica attivate al centro-nord hanno visto spesso il coinvolgimento delle Università proprio per il patrimonio di conoscenze acquisite su processi complessi come quelli dell'apprendimento spontaneo e sulla sua interazione con la formazione guidata. Solo l'Università per stranieri di Siena ha gestito direttamente operazioni sperimentali di formazione linguistica per immigrati, in collaborazione con la Provincia di Siena e associazioni di datori di lavoro (v. AA.VV., in stampa): tale operazione ha consentito lo sviluppo di osservazioni preziose sia in rapporto alle generali tematiche della ricerca scientifica sull'apprendimento spontaneo dell'italiano L2, sia in rapporto ai temi della formazione linguistica che si agganci al patrimonio acquisito in contesto extraformativo. La complessità del problema rende parziali, infatti, le pur preziose osservazioni ricavabili da collaborazioni con altri enti impegnati nella formazione.

2.1.4. Il terzo tipo di pubblico ha una consistenza ancora limitata, ma è prevedibile che le dimensioni quantitative aumenteranno nel futuro: infatti, sempre più anziani hanno sufficiente tempo libero e disponibilità finanziarie per rivolgersi alla formazione linguistica nella loro patria o direttamente in Italia. Tale pubblico potenziale, conseguenza della situazione di benessere del mondo occidentale, richiede particolarissime azioni di formazione, a tutt'oggi assolutamente non esplorate in modo sistematico: anche su questo oggetto la funzione di ricerca dell'Università deve ancora attivarsi.

2.1.5. Il pubblico che deriva dalla attuazione del mercato unico europeo mette in evidenza la necessità di strumenti di formazione linguistica centrati sulle aree settoriali di lingua: questa esigenza sta ricevendo attenzione a livello della ricerca scientifica (v. De Mauro/Vedovelli, in stampa) e della produzione sistematica di materiali didattici che siano mirati alla competenza linguistica generale e settoriale, e che si fondino su accurate ricognizioni dei linguaggi settoriali dell'italiano contemporaneo (v. Vedovelli/Cassandro/Pisano,

1989).

2.1.6. L'ultimo elemento di novità è costituito dagli studenti dei progetti europei di mobilità universitaria (ERASMUS, TEMPUS, LINGUA ecc.): studenti stranieri si sono sempre orientati verso le Università italiane per intrinseco interesse di studio oppure per maggiore facilità di accesso. Tale afflusso non ha mai avuto risposte sistematiche sul piano della formazione linguistica. Questa avveniva per lo più in patria o nelle due Università per stranieri di Perugia e di Siena; le Università di arrivo difficilmente erano in grado di svolgere un ruolo di orientamento sui contenuti linguistici e sulle modalità della formazione.

L'unico intervento riguardava un esame linguistico di ammissione o la verifica dei titoli di studio rilasciati da Siena e Perugia (peraltro, fino alla recente legge del febbraio 1992, n. 204, privi di validità formale in termini di riconoscimento per la prosecuzione degli studi presso le altre Università italiane).

2.2. Il dato quantitativo sorprendente nel convegno del 1982 che emergeva in seguito alla constatazione della forza di attrazione della lingua italiana non ha trovato riscontro in una politica strategicamente concertata fra tutti i soggetti (innanzitutto pubblici) operanti nel settore: una legislazione che stenta a tenere il passo con i mutamenti della realtà (si pensi, ad esempio, alla regolamentazione delle scuole italiane all'estero, che risale agli inizi degli anni '70), le carenze finanziarie, i finanziamenti non sempre erogati secondo criteri di oculatezza e di efficacia dei risultati ne sono una testimonianza (v. De Mauro/Vedovelli, in stampa).

Nonostante gli sforzi, la politica di diffusione della lingua e della cultura italiana all'estero risulta ancora ben lontana da quella attuata per altre lingue (si pensi, ad esempio, a ciò che avviene per l'inglese, il francese e il tedesco).

Sulle cause di tale situazione si è discusso spesso, e tra i motivi va anche annoverata la generale paralisi nella progettazione di interventi che deriva dal contrasto fra pluralismo e necessità di proposta unificata: tale dialettica investe piani diversi, da quello storico-linguistico a quello sociale a quello ideologico-politico.

Pur riconoscendo un fondamento di sicura portata alla questione, dalla sua mancata soluzione deriva uno stato di paralisi o, nel migliore dei casi, di non coordinamento degli interventi.

2.3. La situazione che abbiamo fin qui delineato spinge a individuare due aree di problemi per l'insegnamento dell'italiano in ambito universitario: i corsi della due Università per stranieri di Siena e di Perugia, i corsi di lingua per stranieri organizzati dalle Università per italiani come risposta alle esigenze dei nuovi pubblici degli studenti universitari dei progetti di mobilità. Parliamo di «nuovi pubblici» - lo ricordiamo - perché alle Università fanno capo non più solo studenti stranieri che con l'iscrizione in Italia superano il vincolo del numero chiuso esistente nel proprio paese: ora è prevalente il pubblico dei progetti di mobilità (fra cui emerge il progetto ERASMUS), che si propone come pubblico le cui esigenze stimolano in modo intenso la riflessione glottodidattica sul tema dei rapporti fra bisogni e paradigmi di formazione linguistica.

Le problematiche investono in modo univoco le due fasce universitarie menzionate: le Università per stranieri di Siena e di Perugia costituiscono sì una specificità tutta italiana e vivono una serie di problemi molto particolari all'interno del panorama della formazione universitaria italiana (ad esempio, le questioni del rapporto con le altre Università, il riconoscimento anche internazionale dei titoli di studio rilasciati, la struttura della docenza ecc.) che solo parzialmente la recente legge n. 204/1992 riesce a risolvere. E d'altra parte, la questione della dialettica fra pluralismo e unitarietà nella diffusione della nostra lingua/cultura ha una delle proprie radici storiche anche nei motivi della fondazione di specifici istituzioni universitarie (si pensi al ruolo dell'Università per stranieri di Perugia e all'ideologia della lingua italiana durante il fascismo: v. Archivio storico e annuario accademico 1985:5-20). Quali che siano i motivi storici della specificità delle istituzioni universitarie italiane per stranieri e i rapporti che queste instaurano con le altre Università italiane, riteniamo che la complessità dei problemi e le carenze strutturali della politica di diffusione della nostra lingua investano in modo assai simile entrambe le aree universitarie. La formazione del nuovo pubblico degli studenti stranieri in Italia e, più in generale, la formazione è attraversata almeno dai seguenti problemi:

a. mancanza di corsi di laurea per insegnanti di italiano come L2;
b. conseguente mancanza di docenti con una qualificazione di base;
c. mancanza di personale universitario specificamente destinabile all'insegnamento dell'italiano L2 (manca un ruolo particolare di docenza di lingua italiana agli stranieri);

d. mancanza di specifici strumenti didattici per la formazione linguistica degli studenti universitari stranieri.

3. Didattica dell'italiano per stranieri nell'Università

3.1. L'identificazione di un paradigma per l'insegnamento dell'italiano al nuovo pubblico degli studenti stranieri nell'Università italiana si scontra con la necessità di risolvere innanzitutto una questione che può essere considerata come una contraddizione insanabile o come un necessario processo dialettico: ci riferiamo al rapporto fra i bisogni specifici di lingua da un lato e quelli generici dall'altro. Tale questione si fonda sul fatto che, seguendo la prospettiva che vuole fondare la didattica della lingua sui bisogni linguistici ed extralinguistici degli apprendenti, proprio la formazione in contesto universitario rappresenta un modello esemplare di specificità di bisogni. L'universo comunicativo accademico impone con forza una serie di condizionamenti: la comunicazione è assai varia quanto a contesti sociali di interazione (dalle fasi di iscrizioni alle lezioni, ai seminari, ai momenti di scrittura, alle occasioni di socializzazione extraformativa), ma è pur sempre centrata sui livelli di lingua tecnica determinati dalla materia di studio da una parte, e dalle specifiche istanze burocratiche dall'altra (nei rapporti con la struttura amministrativa universitaria). In generale, si può affermare che la comunicazione in ambito accademico vive nella tensione dialettica fra livelli di lingua settoriali (quelli delle singole discipline e dell'amministrazione) e livelli di lingua comune (coinvolti nelle dinamiche interattive non direttamente finalizzate alla formazione); inoltre, la comunicazione di ambito accademico è in grado di attivare livelli di lingua (formale e informale, parlata e scritta) che coprono un ampio spettro di registri e di varietà.

Tali caratteri dell'universo di comunicazione accademica sembrerebbe determinare in modo forte le linee degli interventi di formazione linguistica, dal momento che (almeno in via di ipotesi) potrebbero appoggiarsi su un assetto motivazionale degli studenti ugualmente orientato principalmente verso i contenuti disciplinari. Proprio su questo punto emerge la contraddizione insanabile (o la necessaria e inevitabile dialettica) fra i bisogni specifici effettivi e la più generale globalità di funzioni della lingua: come anche è stato messo in luce dalla ricerca realizzata da un gruppo di lavoro dell'Università per stranieri di Siena (v. Coveri, 1991), si evidenzia uno sfasamento fra bisogni specifici di lingua settoriale che l'orientamento disciplinare dovrebbe indurre e la limitata percezione della rilevanza di tali bisogni e livelli di lingua da parte degli studenti: per poter portare a buon fine un percorso di formazione universitaria occorrerebbe innanzitutto saper padroneggiare i livelli di lingua più direttamente messi in atto nell'interazione di tipo accademico, e la formazione in italiano L2 dovrebbe essere centrata su tali livelli; in realtà, gli studenti manifestano un assetto motivazionale più orientato verso l'uso della lingua comune nelle situazioni quotidiane di interazione. Si può parlare, dunque, di fallimento dei progetti ERASMUS (il «viaggio in Italia» avrebbe una funzione più ampia della pura formazione accademica) o ciò è il segno della necessità di scandagliare più attentamente l'assetto motivazionale dei pubblici e di attivare intense azioni di orientamento di tali assetti? Possiamo esaminare tale questione solo per ciò che riguarda la possibilità di elaborare ipotesi di modelli di didattica dell'italiano (sui quali modelli, peraltro, la discussione glottodidattica italiana è stata ed è assai attiva: v. Freddi 1987, Vedovelli, in stampa, Ambroso 1987, Berrettini 1983, Bertocchi/Lugarini 1977, Cortese/Podestà 1983, Ciliberti 1981).

3.2. La prima ipotesi che può essere elaborata («ipotesi *maior*») cerca di risolvere il problema accentuando l'attenzione sulla funzionalità della formazione linguistica in rapporto ai contenuti disciplinari. L'ipotesi *maior* centra la formazione della competenza generale in italiano L2 sulla formazione in italiano per contesti universitari. Il modello teorico soggiacente è quello che considera il rapporto fra lingua comune e lingua tecnico-specialistica in termini di un *continuum* e non di una alterità qualitativamente determinata (v. Casadei, 1991); a livello glottodidattico, l'ipotesi *maior* si fonda sull'idea che la formazione linguistica generale possa derivare da quella a contenuto linguistico specialistico, e che la competenza generale possa essere funzione di quella tecnico-specialistica, o almeno possa andare in parallelo con questa.

Tale ipotesi ha notevoli aspetti di interesse, e sicuramente per la formazione in italiano L2 rappresenta un elemento innovativo capace probabilmente di innescare anche processi di riflessione più generale sul campo glottodidattico. Per la sua attuazione, tuttavia, ci si scontra con diversi problemi: la non percezione, da parte degli studenti, della rilevanza della formazione per scopi speciali; la mancanza di strumenti didattici orientati su tale prospettiva. Da qui la necessità di ricorrere a una «ipotesi *minor*» che si possa realizzare attenuando il peso di tali problemi.

L'ipotesi *minor* considera il percorso di formazione sulla lingua settoriale non come globalizzante strumento di costituzione della competenza generale, ma come un momento particolare che si innesta su un percorso di formazione in lingua comune. Una volta stabilita una sufficiente capacità linguistica in lingua comune, è possibile - secondo l'ipotesi *minor* - iniziare il percorso che porta al contatto con le dinamiche interattive e con i testi specifici del settore disciplinare accademico.

È facile intuire la limitatezza dell'ipotesi *minor* in termini di modello teorico e glottodidattico soggiacente: la lingua tecnica è considerata nella sua alterità e parzialità rispetto alla lingua comune, e la sua insegnabilità (per lo più limitata alla dimensione lessicale) è condizionata dalla preliminare acquisizione delle strutture della lingua comune.

Pur consentendo, per la sua strumentalità e pragmaticità, l'avvicinamento a un qualche livello di lingua settoriale, l'ipotesi *minor* per attuarsi è stretta entro alcune condizioni che essa condivide con l'ipotesi *maior*. Per attuare le due ipotesi ci sembra necessario innanzitutto uno scandaglio sistematico delle strutture di interazione in contesto universitario: si ha bisogno di un modello di generi testuali del parlato da applicare in modo dialettico con la rilevazione empirica delle specificità dello scambio comunicativo in ambito universitario; e ancora, è necessaria l'analisi delle caratteristiche della lingua dei testi di contenuto specialistico: strutture morfosintattiche, lessicali, testuali.

Una didattica dell'italiano L2 in ambito universitario basata su tale preliminare definizione conoscitiva dei livelli di lingua italiana specialistica è stata realizzata finora solo in modo occasionale in limitate (ma, da molti punti di vista, paradigmatiche) iniziative: tra queste ricordiamo la realizzazione dei corsi di italiano per studenti di musica, arte e economia elaborati su base a tecnologia avanzata nell'ambito dei cosiddetti progetti dei «Giacimenti culturali» dall'Università per stranieri di Siena e dalla VideoItalia per conto del Ministero dei Beni Culturali (Vedovelli/Cassandro/Pisano 1989). Tale progetto è esempio dell'ipotesi *maior*, fondando la strumentazione didattica sull'analisi linguistica dettagliata dei tre linguaggi effettuata anche mediante ricorso a una ampia banca dati elettronica. Come esempio, invece, dell'ipotesi *minor* ricordiamo i materiali didattici per gli studenti dei progetti ERASMUS realizzati da un gruppo di lavoro costituito presso l'Università per stranieri di Siena.

I materiali riguardano i settori medicina, storia, diritto, architettura, e sono basati solo su parziali «carotaggi» ricognitivi sulle caratteristiche dei linguaggi presi in considerazione; tali carotaggi si intrecciano con ipotesi di modelli di interazione comunicativa in contesto universitario per poter consentire la definizione dei materiali didattici.

4. Strumenti per la formazione in italiano L2 all'Università

4.1. Da quanto esposto nel paragrafo precedente, il problema della mancanza di strumenti didattici specifici per la formazione linguistica in ambito universitario ha una posizione centrale. La recente attenzione rivolta agli studenti ERASMUS, che ha portato alla elaborazione di moduli di unità didattiche nell'esperienza senese appena menzionata sembra applicabile anche al tradizionale pubblico degli studenti universitari non inseriti nei progetti di mobilità, ma sembra anche applicabile a quei pubblici non universitari (ad esempio, quelli legati alle scadenze europee del 1993) che operano in ambiti settoriali e che in questi spenderanno la maggior parte delle loro competenze comunicative in lingua italiana.

4.2. Il sistema universitario italiano risponde in termini di emergenza ai problemi linguistici posti dai progetti di mobilità organizzando corsi di lingua italiana: in tale azione sono impegnate sia le Università di arrivo (pur se fra moltissime difficoltà di ordine amministrativo e di docenza), sia l'Università per stranieri di Siena (che agisce come centro di servizi linguistici per altre Università di arrivo degli studenti dei progetti di mobilità). Potremmo dire che le Università italiane sono costrette ad allestire corsi di italiano, visto che non sono richieste competenze linguistiche preliminarmente formate agli studenti stranieri dei progetti di mobilità. Tra i motivi che possono anche giustificare questa mancanza di formazione iniziale fatta nei paesi di origine è sicuramente da annoverare uno strumento che attesti («certifichi») in modo attendibile e riconoscibile sul piano formale lo stato delle competenze linguistiche in italiano L2. Di nuovo, si ripropone anche per la formazione linguistica in ambito universitario il problema annoso della «certificazione in italiano L2», cioè di uno strumento che in modo omogeneo e in qualunque parte del mondo renda riconoscibili chiaramente le competenze linguistiche in italiano L2. Non vorremmo tornare su un problema che da anni impegna studiosi e operatori del settore: nemmeno la recentemente annunciata «Certificazione nazionale», realizzata da alcuni docenti del Dipartimento di Scienze del linguaggio dell'Università di Roma «La Sapienza» su incarico del Ministero della Pubblica Istruzione, a nostro parere potrà costituire la soluzione al problema. I motivi che ci spingono in questa opinione sono almeno due. Innanzitutto, la Certificazione nazionale prevede due livelli di competenza generale comune avanzata: ne sono esclusi i livelli settoriali di lingua, specificamente legati all'interazione di ambito universitario in area specialistica (v. D'Addio, 1991), e questo a dispetto del fatto che proprio i livelli «alti» previsti dalla Certificazione nazionale possano più direttamente riferirsi alla formazione di tipo universitario. Mancando tale strumento non si ha la possibilità di spostare nelle sedi di partenza il problema della formazione linguistica e del suo riconoscimento; d'altra parte (e questo è il secondo elemento della nostra perplessità) una struttura chiusa di certificazione (come ci sembra quella della Certificazione nazionale) impedisce la presa in considerazione delle specifiche esigenze della formazione linguistica a fini universitari. Uno strumento di riconoscimento delle competenze linguistiche, stante l'attuale situazione della ricerca scientifica sull'argomento, deve necessariamente avere una struttura flessibile e modulare, e un elemento per orientare tale flessibilità è costituito dalle esigenze della formazione universitaria. Quando uno strumento di accertamento voglia diventare anche strumento di riconoscimento, allora a maggior ragione occorre superare una struttura chiusa: e struttura chiusa è anche quella che si voglia proporre come unico strumento e punto di riferimento, assolutizzando in tal modo la propria prospettiva di accertamento. Diventa, allora, di rilevante importanza sviluppare la linea che di recente ha avuto impulso in sede di Consiglio d'Europa: lo sviluppo di sistemi di equivalenze fra sistemi di accertamento; in questo modo la pluralità e flessibilità dei vari strumenti (che potrebbero avere, di conseguenza, origine sia italiana che straniera; ad esempio, potrebbero essere le stesse Università straniere di partenza a elaborare e attuare sistemi di accertamento sulle competenze degli studenti in partenza per le Università italiane) potrebbero consentire maggiore rapidità nell'attuazione di interventi in fase di partenza, e questo alleggerirebbe la pressione sulle strutture didattiche delle nostre Università.

Si evidenzia, dunque, la necessità di elaborare strumenti accertativi (e sistemi di individuazione di equivalenze) in grado di certificare le competenze per l'accesso ai corsi universitari italiani prima di entrare in Italia, o prima di iniziare a frequentare eventuali corsi di lingua italiana in Italia. Un tale strumento potrebbe evitare l'impegno dell'Università a organizzare corsi di italiano (per i quali si pongono spesso notevoli problemi organizzativi). Non necessariamente, però, le Università sono costrette a vivere in modo problematico i corsi ERASMUS: là dove sono stati attuati, i corsi hanno costituito, infatti, un'ulteriore occasione di analisi della condizione della lingua italiana come oggetto di apprendimento, anche in relazione all'analisi di altre modalità di apprendimento (in contesto naturale, in contesto guidato non universitario ecc.).

4.3. Uno strumento accertativo della competenza linguistica per l'accesso alle Università italiane potrebbe vedere lo sforzo congiunto di tutte le strutture accademiche interessate sia alla ricerca scientifica sull'argomento, sia all'organizzazione dei corsi di lingua. In questa prospettiva di cooperazione potrebbe essere utilizzato il patrimonio elaborato presso le due nostre Università per stranieri. A Siena l'attenzione al problema si è concretizzata in un progetto così articolato:

a. preliminare accertamento delle aree disciplinari di concentrazione degli studenti;
b. elaborazione di una struttura di accertamento delle competenze, articolata in un nucleo centrale di competenze in lingua comune e in «finestre» per aree settoriali;
c. cooperazione con le altre Università in fase di realizzazione dello strumento e nella sua sperimentazione.

Lo strumento accertativo va accompagnato dalla elaborazione e applicazione di specifici strumenti didattici per la formazione linguistica nei corsi per gli studenti ERASMUS, ed è proprio in questa prospettiva che la specificità delle strutture di produzione didattica e di ricerca scientifica dell'Università per stranieri di Siena si è maggiormente concentrata. L'Università si è impegnata nell'elaborazione autonoma di tali percorsi formativi, facendo tesoro anche dell'esperienza maturata nel progetto realizzato all'interno dei cosiddetti «Giacimenti culturali», con la realizzazione di unità didattiche su supporto ad alta tecnologia relative alla lingua italiana della musica, dell'arte e dell'economia.

Proseguendo tale esperienza e con l'obiettivo di rispondere alle esigenze dei gruppi di studenti ERASMUS che si indirizzano verso le altre Università italiane, a Siena sono stati elaborati percorsi didattici per la lingua italiana del diritto, della storia, della medicina, dell'architettura. I percorsi sono articolati in unità didattiche che si concentrano sulle principali caratteristiche lessicali, morfosintattiche e testuali dei singoli ambiti disciplinari, e sulle caratteristiche generali della comunicazione in ambito universitario (negli scambi comunicativi nei contesti di segreteria, socializzazione degli studenti ecc.). La difficoltà principale con la quale ci si è scontrati è costituita dai limiti di tempo destinati alla formazione linguistica degli studenti ERASMUS, di solito compresa nel mese precedente l'inizio delle lezioni nell'Università di arrivo (per un massimo di 100-125 ore di lezione di lingua). Un tale arco di tempo impedisce la realizzazione di un processo di formazione della generale competenza comunicativa a partire dalla ricchezza di processi interattivi e di contenuti culturali (oltre che di spinte motivazionali) propri dell'universo di comunicazione universitaria. I percorsi sui linguaggi settoriali intervengono, in una soluzione necessariamente di ripiego, in una fase avanzata della formazione in lingua comune ponendosi come oggetto di cicli di formazione integrativa.

4.4. Già i problemi affrontati nel paragrafo precedente mettono in primo piano il ruolo delle due Università italiane per stranieri (Siena e Perugia). Facendo riferimento alla recente legge di riordinamento delle loro attività (febbraio 1992) e alle attività messe in atto negli ultimi anni dall'istituzione senese, riteniamo che il compito generale di diffusione della lingua e della cultura italiana all'estero passi attraverso almeno tre grandi aree tematiche che dovrebbero assumere un ruolo sempre più centrale: sviluppare la funzione di centro di servizi linguistici per le altre Università italiane; sviluppare le funzioni di ricerca sulla lingua italiana e sulla sua didattica al fine di arrivare alla produzione di strumenti ad alta applicabilità didattica; sviluppare gli strumenti di ricerca scientifica la cui carenza ha immediate ripercussioni sul rinnovamento della didattica dell'italiano come L2.

In questa prospettiva sembra importante intensificare la ricerca comparativa fra liste di frequenza dell'italiano scritto e parlato, così come realizzare banche dati testuali sui linguaggi settoriali, produrre percorsi didattici in ambito ERASMUS dalla valenza applicativa sempre più ampia, e infine impegnarsi nella realizzazione di strumenti di accertamento della competenza in italiano come L2. Per quanto riguarda quest'ultima questione appare importante il coinvolgimento delle strutture ministeriali (Ministero dell'Università e della Ricerca Scientifica e Tecnologica, Ministero degli Affari Esteri, Ministero della Pubblica Istruzione) per sostenere lo sforzo di un possibile Consorzio interuniversitario italiano per la realizzazione di strumenti accertativi per l'ingresso degli studenti stranieri nelle Università italiane. Potrebbe essere importante impostare un tale strumento tenendo presente il patrimonio di esperienze (metodi, approcci, linee di ricerche) maturato nell'insegnamento delle lingue straniere nell'Università; inoltre, dovrebbe essere salvaguardata la specificità didattica delle singole Università, non cercando di realizzare e imporre un unico strumento, ma mirando a reperire criteri e sistemi di equivalenze fra sistemi di accertamento delle competenze in entrata e in uscita della formazione universitaria.

Un'ultima questione che ha visto l'azione intensa dell'Università per stranieri di Siena e che potrebbe coinvolgere maggiormente anche altre Università è lo studio e l'attuazione di corsi sperimentali rivolti agli immigrati stranieri in Italia, fatti a fini sia di diretta risposta alle emergenze formative che sul piano linguistico si manifestano entro la società italiana, sia per intensificare l'analisi dei problemi dell'apprendimento spontaneo dell'italiano L2 (problemi la cui rilevanza teorica è inutile ricordare). Anche se i corsi ordinari dell'Università per Stranieri di Siena si rivolgono a un pubblico dotato di diploma di scuola superiore (o equivalente nei diversi sistemi scolastici), i corsi per immigrati hanno avuto un carattere sperimentale a fini di ricerca scientifica.

Per almeno due aspetti tali esperienze sono da considerare esemplari: da un lato, perché stabiliscono un modello di rapporto fra istituzione scolastica e esigenze di sviluppo culturale del territorio, essendo stati organizzati in risposta alle richieste degli Enti locali (Provincia) e di Associazioni di datori di lavoro. D'altro lato, perché hanno cercato di promuovere linee di ricerca in grado di collegare le problematiche dei modelli di descrizione/interpretazione dei processi di apprendimento spontaneo ai paradigmi adeguati di intervento didattico, con particolare riferimento agli strumenti di accertamento della condizione sociolinguistica e sulla natura delle fossilizzazioni.

Tra i problemi ancora aperti per le due Università per stranieri va annoverato almeno quello dei corsi di italiano e della loro docenza: la legge del febbraio 1992 attenua solo parzialmente le conseguenze della mancanza di specifici corsi di formazione universitaria per futuri insegnanti di italiano come L2.

La creazione di un Centro linguistico potrebbe risolvere diversi problemi: innanzitutto, dotare di maggiore autonomia le istanze preposte alla progettazione e realizzazione degli interventi di formazione linguistica, accentuando la possibilità di ricerca per fasce di docenza che attualmente non hanno piena collocazione nel nostro sistema universitario.

Da tale situazione può anche derivare la questione che spesso si pone (e forse con intenti, a nostro parere, talvolta non del tutto trasparenti) circa il fatto che le due Università per stranieri possono essere considerate come doppioni delle facoltà di lettere. Una certa ambiguità sul loro ruolo si manifesta certamente se si tiene conto della loro genesi e delle funzioni originarie. Attualmente, però, ci sembra che esista una specificità di ricerca e di didattica che comunque non si traduce (né potrebbe essere altrimenti, in una corretta visione scientifica delle problematiche dell'insegnamento linguistico) in un isolamento di campi di azione.

La specificità è segnata dalla prospettiva interculturale della ricerca e della didattica (e lo stesso concetto di «intercultura» può essere oggetto primario di riflessione trovando la sede elettiva nelle due Università per stranieri).

Nella frammentarietà tradizionale della politica di diffusione dell'italiano L2, le due Università per stranieri diventano poli centrali di riferimento e di propulsione.

In tale prospettiva si evidenzia la necessità di un confronto e di una più intensa collaborazione con le altre Università italiane: la concorrenza non ha più senso (se mai lo ha avuto) a fronte delle diverse potenzialità organizzative e di contenuto.

Riferimenti bibliografici

AA.VV. 1988. *Computer e linguaggi settoriali*. Milano, Franco Angeli.

AA.VV. 1991. *L'insegnamento della lingua italiana all'estero*. Torino, Edizioni della Fondazione Giovanni Agnelli.

AA.VV. In stampa. *Formazione linguistica di immigrati stranieri: strategie di apprendimento spontaneo e processi di insegnamento*. Università per stranieri di Siena, Provincia di Siena.

Ambroso, S. 1987. *Una lingua per l'università italiana*. «Italiano e oltre», 2, pp. 37-41.

Arcaini, E. 1988. *Il linguaggio delle scienze e il suo insegnamento*. Brescia, La Scuola.

Archivio Storico e Annuario Accademico [1919-1975]. 1985. *Le origini e lo sviluppo dei corsi per stranieri a Siena*. Siena, Università per Stranieri:5-20.

Baldelli, I.. 1981. *Ipotesi di certificati di conoscenza della lingua italiana da rilasciare all'estero*. «Gli Annali. Università per Stranieri di Perugia» 1:11-18.

Baldelli, I. (a cura di). 1987. *La lingua italiana nel mondo. Indagine sulle motivazioni allo studio dell'italiano*. Istituto dell'Enciclopedia Italiana, Roma.

Beccaria, G.L. (a cura di). 1973. *I linguaggi settoriali in Italia*. Milano, Bompiani.

Bernini, G./Giacalone Ramat, A. (a cura di). 1990. *La temporalità nell'acquisizione di lingue seconde*. Milano, Franco Angeli.

Berrettini, L. 1983. *Corsi di italiano L2 per scopi speciali.* «Gli Annali. Università per stranieri di Perugia» 4:25-42.

Bertocchi, D./Lugarini, E. 1977. *Insegnamento funzionale dell'italiano per scopi speciali: problemi e prospettive.* In: *Atti del III congresso AIPI* (2-4.9.1977). Verona, Associazione Internazionale Professori di Italiano:100-135.

Casadei, F. 1991. *Strutture sintattiche e morfosintattiche dell'italiano scientifico.* In: Giannelli/Maraschio/Poggi Salani/Vedovelli (a cura di):411-419.

Ciliberti, A. (a cura di). 1981. *L'insegnamento dell'italiano per scopi speciali.* Bologna, Zanichelli.

Cortelazzo, M.A. 1990. *Lingue speciali: la dimensione verticale.* Padova, Unipress.

Cortese, G./Podestà, S. 1983. *Lingue per scopi accademici: italiano e inglese nel contesto socio-politico.* Milano, Franco Angeli.

Coveri, L. 1991. *Problemi e bisogni linguistici e sociolinguistici degli studenti europei in Italia: un sondaggio tra studenti del progetto ERASMUS.* In: Mazzoleni/Pavesi (a cura di):129-143.

D'Addio, W. 1991. *Proposte di certificazione della competenza in italiano come L2.* In: Mazzoleni/Pavesi (a cura di):69-79.

De Mauro, T. 1988. *Linguaggi scientifici e lingue storiche.* In: Guerriero (a cura di):9-19.

De Mauro, T./Vedovelli, M. (a cura di). In stampa. *Strategie linguistiche dell'informazione scientifica.* Atti dell'incontro di studio di Roma, 7-8 dicembre 1991. Dipartimento di Scienze del linguaggio dell'Università di Roma «La Sapienza». Roma, Bulzoni.

De Mauro, T./Vedovelli, M. In stampa. *L'insegnamento della lingua italiana all'estero.* «Sociolinguistica».

Freddi, G. (a cura di). 1987. *L'insegnamento della lingua-cultura italiana all'estero.* Firenze, Le Monnier.

Giannelli, L./Maraschio, N./Poggi Salani, M.T./Vedovelli, M. (a cura di). 1991. *Tra Rinascimento e strutture attuali. Saggi di linguistica italiana.* Torino, Rosenberg & Sellier.

Guerriero, A.R. (a cura di). 1988. *L'educazione linguistica e i linguaggi delle scienze.* Firenze, la Nuova Italia (Quaderni del GISCEL, 4).

Katerinov, K. 1982. *Esami di italiano e relativo certificato da rilasciare all'estero.* «Gli Annali. Università per stranieri di Perugia» 3:51-56.

Lo Cascio, V. (a cura di). 1990. *Lingua e cultura italiana in Europa.* Firenze, Le Monnier.

Mazzoleni, M./Pavesi, M. (a cura di). 1991. *Italiano lingua seconda. Modelli e strategie per l'insegnamento.* Milano, Franco Angeli.Ministero Affari esteri. 1981. *Indagine sulle motivazioni all'apprendimento della lingua italiana nel mondo.* Roma, Istituto della Enciclopedia italiana.

Presidenza del Consiglio dei Ministri. 1984. *L'italiano come lingua seconda in Italia e all'estero.* Roma, Istituto Poligrafico e Zecca dello Stato.

Vedovelli, M. 1991. *Il progetto CUD per l'insegnamento dell'italiano L2 a distanza: un modello per la formazione linguistica ERASMUS*. In: Mazzoleni/Pavesi (a cura di):111-127.

Vedovelli, M. In stampa. *I linguaggi scientifici e la didattica dell'italiano L2*. In: De Mauro/Vedovelli (a cura di).

Vedovelli, M./Cassandro, M./Pisano, M. 1989. *Una lingua per il made in Italy: banche dati linguistici e strumenti didattici*. «Culturiana» I, 2:27-30.

Vignuzzi, U. 1984. *Le motivazioni dello studio della lingua italiana all'estero*. In: Presidenza del Consiglio dei Ministri:24-46.

1095. *Materiali Linguistici — Università di Pavia*

1. Maria-Elisabeth Conte, Anna Giacalone Ramat, Paolo Ramat (a cura di), *Dimensioni della linguistica*
2. Giuliano Bernini, Anna Giacalone Ramat (a cura di), *La temporalità nell'acquisizione di lingue seconde*
3. Alessio Petralli, *L'italiano in un cantone. Le parole dell'italiano regionale ticinese in prospettiva sociolinguistica*
4. Emanuele Banfi, *Storia linguistica del Sud-Est europeo. Crisi della Romània balcanica tra alto e basso medioevo*
5. Federica Venier, *La modalizzazione assertiva. Avverbi modali e verbi parentetici*
6. Marco Mazzoleni, Maria Pavesi (a cura di), *Italiano lingua seconda. Modelli e strategie per l'insegnamento*
7. Carlo Serra Borneto (a cura di), *Testi e macchine. Una ricerca sui manuali di istruzioni per l'uso*
8. Giovanna Alfonzetti, *Il discorso bilingue. Italiano e dialetto a Catania*
9. Stefano Vassere, *Sintassi formale e dialettologia. I pronomi clitici nel luganese*
10. Maria Pavesi, *Formazione di parole. La conversione in inglese L2*
11. Francesca Fici Giusti, *Il passivo nelle lingue slave. Tipologia e semantica*
12. Stephan Schmid, *L'italiano degli spagnoli. Interlingue di immigrati nella Svizzera tedesca*
13. Giuliano Bernini, Maria Pavesi (a cura di), *Lingue straniere e università. Aspettative e organizzazione didattica*

1052. *Collana di letteratura, diretta da Giulio Ferroni, Giancarlo Mazzacurati, Carlo Ossola, Amedeo Quondam, Mario Ricciardi*

1. Mario Ricciardi, *Giacomo Leopardi: la logica dei «Canti»*
2. Giorgio Bárberi Squarotti, *L'onore in corte. Dal Castiglione al Tasso*
3. Paolo Getrevi, *Dal picaro al gentiluomo. Scrittura e immaginario nel Seicento narrativo*
4. Franco Fido, *Il regime delle simmetrie imperfette. Studi sul «Decameron»*
5. Lucia Lazzerini, *Il testo trasgressivo. Testi marginali, provocatori, irregolari dal Medioevo al Cinquecento*
6. Giorgio Bárberi Squarotti, *Il sogno della letteratura*
7. Michel Butor, *Lezioni e risposte sulla letteratura. Il seminario di Padova* (1985), tr. it. di A. Zenone-Inaudi
8. Niva Lorenzini, *Il frammento infinito. Percorsi letterari dall'estetismo al futurismo*
9. Arcangelo Leone de Castris, *Estetica e politica. Croce e Gramsci*
10. Alessandra Di Ricco, *L'inutile e maraviglioso mestiere. Poeti improvvisatori di fine Settecento*
11. Ugo M. Olivieri, *Narrare avanti il reale. «Le confessioni d'un Italiano» e la forma-romanzo nell'Ottocento*
12. Paolo Simoncelli, *Il cavaliere dimezzato. Paolo del Rosso «fiorentino e letterato»*
13. Paolo Getrevi, *Le scritture del volto. Fisiognomica e modelli culturali dal medioevo ad oggi*
14. Valentina Valentini, *La tragedia moderna e mediterranea. Sul teatro di Gabriele D'Annunzio*
15. Giorgio Petrocchi, *Itinerari danteschi*. Premessa e cura di Carlo Ossola
16. Marziano Guglielminetti, *A chiarezza di me. D'Annunzio e le scritture dell'io*
17. Marco Santagata, Stefano Carrai, *La lirica di corte nell'Italia del Quattrocento*
18. Ilaria Gallinaro, *La non vera Clorinda. Tradizione teatrale e musicale della «Liberata» nei secoli XVII-XIX*
19. Silvana Tamiozzo Goldmann, *Lo scapigliato in Archivio. Sulla narrativa di Giuseppe Rovani*
20. Beatrice Alfonzetti, *Teatro e tremuoto. Gli anni napoletani di Francesco Saverio Salfi. 1787-1794*

1825. *Università di Verona — Scienza della letteratura e del linguaggio*

1. S. Monti, *Il tabacco fa male? Medicina, ideologia, letteratura nella polemica sulla diffusione di un prodotto del Nuovo Mondo*
2. M. De Caravajal, *Navidades de Madrid y noches entretenidas.* A cura di A. Prato, introduzione di M.G. Profeti
3. B. Cetti Marinoni, *«Come si fa con un saggio». Robert Musil e la genesi degli «Schwärmer»*
4. M.G. Profeti, L. Basalisco, B. Cetti Marinoni, B. Crucitti Ullrich, P. Kofler, M. Marcucci, M. Meli, C. Milani, G. Restelli, A. Righetti, C. Stevanoni, B. Pellegrin, G. Poggi, A. Marchetti, R. Sanesi, A. Di Benedetto Zimbone, G. Bolognesi, J.C. Santoyo, P. Mildonian, *Muratori di Babele*
5. R. Bertazzoli, *Il mito raggiunto. Preistoria creativa e vicenda testuale nella «Figlia di Iorio»*
6. M.G. Profeti, S. Monti, F. Sandrelli, M.C. Graña, P. Ambrosi, H. Abad, M. Peloso, G.C. Marras, *La metamorfosi e il testo. Studio tematico e teatro aureo*
7. M. Cassa, *Dell'antichissima e nuova e immutabile sapienza. Lezioni sulla «Repubblica» di Platone, Agostino, Moro, Campanella e Muratori*
8. M.L. Canedi (a cura di), *Jacob Grimm. La parola e la storia*
9. M.G. Profeti (a cura di), *Codici del gusto*. Scritti di R. Arqués, L. Bartolucci, L. Basalisco, S. Benso, S. Bertelli, A. Bettoni, G. Borelli, G. Bottiroli, R. Cagliero, M.V. Calvi, B. Cetti-Marinoni, M. Ciceri, T. Cirillo, F.B. Crucciti Ullrich, M.L. Cusati, A. de la Granja, R. Di Giuseppe, M. Di Pinto, M.D. García Sánchez, M.M. Gras i Casanovas, G. Grilli, G.P. Marchi, G.C. Marras, A. Martinengo, M.T. Martinez Iturrioz, M. Meli, S. Monti, P. Moraleda, E. Mosele, M.A. Pérez Samper, G. Poggi, M.G. Profeti, P. Puppa, M.A. Roca Mussons, A. Sánchez Fernández, R. Severi, M. del C. Simón Palmer, A.M. Teja, B. Tejerina
10. A.M. Babbi (a cura di), *Paris et Vienne. Romanzo cavalleresco del XV secolo*
11. R. Bertazzoli (a cura di), *Paul Heyse. Un anno in Italia*

291. *Collana di Critica letteraria e linguistica*

1. Edoardo Esposito, *Metrica e poesia del Novecento*
2. Rossana Dedola, *La via dei simboli. Psicologia analitica e letteratura italiana*
3. Carlo Caruso (a cura di), *Paolo Rolli. Libretti per musica.* Edizione critica
4. Giusi Baldissone (a cura di), *Biblioteca. Metafore e progetti.* Scritti di G. Accornero, K.F. Allam, G. Baldissone, G. Berta, L. Bosio, A. Cardin, R. Chartier, M. David, A. Gilardino, M. Melotti, R. Molinari, G. Morghen, F. Portinari, T. Repetto, F.M. Ricci, M. Ricciardi, P. Verri
5. Lorenzo Polato, *L'aureo anello. Saggi sull'opera poetica di Umberto Saba*